语文新课标必读丛书

中华上下五千年

余良丽 / 主编

知识出版社

图书在版编目（ＣＩＰ）数据

中华上下五千年 / 余良丽主编. –– 北京：知识出
版社，2015.6
　（语文新课标必读丛书）
　ISBN 978–7–5015–8646–2

　Ⅰ．①中… Ⅱ．①余… Ⅲ．①中国历史–青少年读物
Ⅳ．①K209

中国版本图书馆CIP数据核字（2015）第137479号

中华上下五千年

出 版 人	姜钦云
责任编辑	周水琴　万　卉　王茜芷
装帧设计	游梽渲
出版发行	知识出版社
地　　址	北京市西城区阜成门北大街17号
邮　　编	100037
电　　话	010–88390659
印　　刷	三河市天润建兴印务有限公司
开　　本	650mm×920mm　1/16
印　　张	10
字　　数	160千字
版　　次	2015年6月第1版
印　　次	2019年4月第7次印刷
书　　号	ISBN 978–7–5015–8646–2
定　　价	26.00元

读书不仅是一种示范，更是一种引领。

我为什么需要文学？

我想用它来改变我的生活，改变我的环境，改变我的精神世界。

——巴　金

语文新课标必读丛书编选特色介绍

本套语文新课标必读丛书依据"新课标"整理。在编选过程中，我们去掉了原著中晦涩难懂的内容，保留了那些最经典的故事情节；我们用下划波浪线标注出精彩的词句，便于广大学生反复诵读和借鉴；有些难以理解的词语，我们都做了注释，能帮助广大学生更好地理解文意。

希望本套丛书能够带给广大学生美好的阅读体验，让他们在阅读的旅途中看到美景无限，收获多多。

◎最权威的无障碍阅读范本

——设置字词释义、批注点评、导读赏析、知识与考点等板块

教学一线名师结合实际教学重点、难点和高频考点，扫清学生在生难字词、阅读理解、感情思考等方面存在的阅读障碍，让每个学生彻底读透名著！

◎"新课标"推荐经典阅读书目

——素质阅读与教学考试相结合

所选作品部部精品，权威编译，引领学生们感受不朽经典的语言魅力，树立广阔的阅读视野与卓越的欣赏品读能力，在潜移默化中提升整体语文素养。

◎ **最受广大师生欢迎的名著读本**

——全国名校班主任、语文老师和广大学生极力推荐

在全国多所名校进行师生试读体验，根据广大师生的意见和建议进行了多次反复修改而最终成书，被评为"最受师生欢迎的名著读本"！

附：名著阅读专项规划方案

阅读阶段	阅读要点	新课标必读推荐	阅读量与阅读方法
第一阶段	流畅阅读阶段（7~8岁）。在这个阶段里学生的知识、语法和认知能力是很有限的，所以阅读的内容不应复杂。	《唐诗三百首》《成语故事》《稻草人》《中华上下五千年》《木偶奇遇记》《伊索寓言》	读4~8本名著（兼顾中外），以简单与兴趣阅读为主，每周不少于6小时，以便从小养成良好的阅读习惯。
第二阶段	获取知识阶段（9~13岁）。在低年级阶段可以阅读不必专业知识辅助就能够理解的书籍；高年级阶段需要增加阅读的复杂性，以提高知识的积累。	《西游记》《水浒传》《三国演义》《海底两万里》《城南旧事》《鲁滨孙漂流记》《汤姆·索亚历险记》《安徒生童话》《格林童话》	阅读不低于8~15本左右的名著。应遵循由浅入深的原则，逐渐提高整体的鉴赏能力。精读3种名著，每周不少于6小时。
第三阶段	多角度了解人生阶段(14~18岁)。从一个初级阅读者逐渐成为一个成熟的阅读者。积累知识，提高自己的理解与思考能力，形成个人的认识。	《骆驼祥子》《童年》《简·爱》《钢铁是怎样炼成的》《假如给我三天光明》《老人与海》《朝花夕拾·呐喊》	这一阶段是人生品质形成的重要时期，结合整体素质品质（如意志、乐观、尊严等），进行重点阅读，以形成分析、思考、综合判断能力。每周阅读不少于6小时。

名师导航

内容梗概 ✦~◦✕∞

我们伟大的祖国有着非常悠久的历史。按照中国的传统说法，从传说中的黄帝到现在，有四千多年的历史，通常叫作"上下五千年"。

在华夏广袤的土地上，我们的祖先以强大的生命力、伟大的创造力和巨大的凝聚力世世代代繁衍生息，历经磨难，从远古走到现代，从蒙昧走向文明。五千年来，中华民族走过了一条不寻常的道路，在华夏大地上演绎了一幕幕动人心魄的故事，出现了一个个叱咤风云的人物，留下了许多可歌可泣的事迹，铸成了灿烂辉煌的中华文明。可以说，中华文化就是我们的生命之源。

马克思说："历史就是我们的一切。它反映了人类改造自然、改造社会、不断推进文明进步的历程。今天的世界是过去世界的继续和发展，如果割断历史，就不能全面地、正确地理解现实和展望未来。"历史是我们的过去，我们是沿着一代又一代人的足迹，才发展出了今天高度文明的社会。我们的血液里流淌着中华民族传统文化的精华，凝聚着华夏儿女改造世界的不朽功业，更蕴含着恢宏博大的民族精神。

《中华上下五千年》是一本故事化的简易叙述中国历史的书籍，从中国传统的史前传说至中华民国时期，前后共记述了四千多年的历史。书中选取了在历史上影响比较深远、最能反映中华文明面貌的事件和人物，根据史籍材料，加以组织和剪裁，用通俗的现代语言写出来，生动而简洁，力求给读者营造一个轻松的阅读氛围。此书有助于历史爱好者粗线条地了解中国历史，串联历史脉络。

历史典故精选 ✦~◦✕∞

1. 四千多年前，轩辕黄帝联合炎帝战胜了九黎族的蚩尤，战败被俘虏的九黎人被称为"黎民"。之后黄帝打败炎帝，成为中原地区的部落联盟首领。后人将黄帝誉为华夏族的祖先，因为黄帝和炎帝是近亲，两族又融合在一起，所以我们被称为"炎黄子孙"。

2. 尧是黄帝以后比较著名的部落联盟首领，尧去世后，舜建议把帝位让给尧的儿子丹朱，诸侯不拜丹朱却拜舜，推舜为帝。这种让位，历史上称为"禅让"。

3. 夏王朝的末代君王桀（jié）是历史上著名的暴君，"桀犬吠尧""桀骜不驯"都出于此人。

4. 伊尹是商王朝的开国功臣，也是中国第一位贤臣，在历史上被视为臣道的楷模，历史上有"伊尹囚帝"的典故。

5. 商朝的末代君王纣和夏桀一样是典型的暴君，历史上有"桀纣"并称之说。纣创造了"炮烙"等刑罚，造"鹿台""酒池""肉林"，劳民伤财，草菅人命。

6. 飞将军李广是汉朝猛将，一生抗击匈奴，赢得"飞将军"美名。唐代王昌龄作诗云："秦时明月汉时关，万里长征人未还。但使龙城飞将在，不教胡马度阴山。""龙城飞将"说的就是李广。

目　录

第一章
盘古开天辟地

导 读

　　对于"天地是怎样形成的""人类的祖先是从哪里来"等这些问题，今天人们已经有了科学而正确的答案。然而，在几千年以前，人们无法对那些"奇怪"的自然现象和社会生活做出合理的解释，所以就有了一个天真的神话故事——盘古开天辟地。

　　相传在天和地还没有诞生以前，宇宙是漆黑混沌的一团，像个大鸡蛋一样（比喻形象生动，使其具体可感，容易理解）。大鸡蛋的里面，只有盘古一人在那里睡大觉，一直睡了一万八千年。有一天，盘古突然醒来了，睁眼一看四周，到处漆黑一片，什么也看不见。盘古闷得心里发慌，于是就顺手操起一把板斧，朝着前方黑暗的地方猛劈过去。谁知这一劈可不得了，霎时间只听得山崩地裂一声巨响，使得这个大鸡蛋一下子裂开了，其中一些轻而清的东西，慢慢上升变成了天；而另一些重而浊的东西，则慢慢下沉变成了地。

　　天地刚分开时，盘古怕它们再合拢上，于是就站在天与地之间，头顶着天，脚踩着地，不敢挪身一步。从这以后，天每日升高一丈，地也每日加厚一丈，盘古的身体也随着天的增高而每日长高一丈。这样，盘古顶天立地地坚持了一万八千年，终于使天和地都变得非常牢固。但由

于过度疲劳，他终于累倒死去。

盘古临死时，没想到全身突然发生了巨大的变化：他口里呼出的气，顿时变成了风和云；他的呻吟之声，变成了隆隆作响的雷霆；他的左眼变成了太阳，右眼变成了月亮；手足和身躯，变成了大地和高山；血液变成江河；筋脉变成了道路；头发和胡须，也变成了天上的星星；皮肤和汗毛，变成了草地林木；肌肉变成了土地；牙齿和骨骼，变成了闪光的金属和坚石、珍宝；身上的汗水也变成了雨露和甘霖。也就是说盘古以自身造就了一个美丽的世界。

这就是盘古开天辟地的神话（盘古开天辟地的故事反映了我国古代人民一种朴素的天体演化思想）。

但是神话毕竟只是神话，现在谁也不会相信真有这样的事。但是人们喜欢这个神话，一谈起历史，常常从"盘古开天地"说起。这是因为它象征着人类征服自然的伟大气魄和丰富的创造力。

那么，人类的起源究竟应该从哪儿说起呢？后来，随着科学的发展，人们从地下发掘出来的化石，证明人类最早的祖先是一种从古猿转变而来的猿人（以设问句的形式，从科学的角度阐明了人类真正的历史起源，回答了疑问）。

我国科学工作者在祖国各地先后发掘了猿人的许多遗骨和遗物的化石，从中可以知道我们祖国境内最早的原始人，已经有一百万年以上的历史。像云南发现的元谋猿人，大约有一百七十万年的历史；陕西出土的蓝田猿人的遗骨，大约有八十万年的历史；有名的北京猿人，也有四五十万年的历史了。

这里，我们就从北京猿人说起。北京猿人生活在周口店一带。那时候，中国北方的气候比现在温和湿润。山上山下都生长着树木和丰茂的野草。凶猛的虎、豹、狼、熊等野兽出没在树林和山野中，大象、犀（xī）牛和梅花鹿的身影也经常可以看到。

猿人的力气比不上这些凶猛的野兽，但是他们和其他动物有着根本不同的地方，那就是猿人能够制造和使用工具。这种工具十分简单，一种是木棒，一种是石头。木棒，树林里多的是，但它是经过砍削的；石头则是经过人工砸打过的，虽然很粗糙，但毕竟是专门制造的工具。

他们就是用这种简单的工具来采集果子，挖植物的根茎吃。他们还用木棒、石器来同野兽做斗争，猎取食物。

但是，这种工具毕竟太简单了，他们获取的食物是很有限的，单靠个人的力量，无法生活下去，只能过着群居的生活，共同劳动，共同对付猛兽的侵袭。这种人群就叫原始人群。

几十万年过去了，猿人在艰苦的斗争中慢慢地进化。考古工作者在北京周口店龙骨山的山顶洞穴里，发现了另一种原始人的遗迹。这种原始人的样子，已经和现代人没有什么两样。我们把他们叫作"山顶洞人"（解释了"山顶洞人"名称的来源）。

山顶洞人的劳动工具有了很大的改进，他们不但能够把石头砸成石斧、石锤，而且还能把野兽的骨头磨制成骨针。别小看这一枚小小的骨针，在那时候，磨制骨针可不是一件简单的事。有了骨针，人们可以把兽皮缝成衣服，就不用像北京猿人时期那样赤身裸体了。

山顶洞人过的也是群居生活，但他们的群居生活已经按照血统关系固定下来了。一个集体的成员都有着共同的祖先，也就是同一氏族的人。这样，人类社会就进入了氏族公社时期。

阅读鉴赏

世界上有许多国家的人们对天和地的出现以及人类的产生等，有各种不同的说法。在中国，有关盘古开天辟地的传说已经流传了几千年。但是，盘古开天辟地毕竟只是神话传说，它是古代人们为了解释一系列自然现象和社会生活，而想象出的荒诞离奇的神话故事。

本文内容丰富科学，语言生动活泼。从中，读者既可以读到生动有趣的神话，也可以了解人类进化的科学知识。

拓展阅读

山顶洞人

山顶洞人，1930 年被发现于北京市周口店龙骨山北京人遗址顶部的山顶洞，洞中曾发现了多具猿人化石。1933 年—1934 年由中国地质调查所新生代研究室裴文中主持进行发掘。发掘时，与人类化石一起，出土了石器、骨角器和穿孔饰物，并发现了中国迄今所知最早的埋葬。

第二章

女娲补天

导 读

　　远古的人们为了解释天与地以及万事万物的由来，利用自己的想象，创造出了盘古开天辟地的故事。那么对于人类的起源，人们又是如何解释的呢？在盘古开天辟地、女娲造人之后，又会发生什么祸乱呢？

　　在我国古代神话传说中，有一位女神，她叫女娲，与伏羲是兄妹。传说她是人首蛇身。女娲是一位善良的神，是中华民族伟大的母亲，她神通广大，化生万物，每天至少能够创造出七十样东西。传说女娲造人之前，在正月初一创造出鸡，初二创造出狗，初三创造出羊，初四创造了猪，初五创造出了马，初六这天，女娲用黄土和水，仿造自己的样子造出了一个个小泥人（叙述女娲造万物的具体过程，表现古人对人类初始世界的幻想）。她造了一批又一批，觉得太慢，于是用一根藤条，沾满泥浆，挥舞起来。一点一点的泥浆洒在地上，都变成了人。

　　与女娲造人同样著名的是女娲补天的故事。传说盘古开天辟地，女娲用黄泥造人，日月星辰各司其职，子民安居乐业，四海歌舞升平。后来水神共工与和颛顼为争帝位打了起来，他们从天上一直打到地下，闹得到处不得安宁，结果颛顼打胜了，但败了的共工不服，一怒之下，把头撞

向不周山。不周山崩裂了，支撑天地之间的大柱折断了，天塌下了半边，出现了一个大窟窿，地也出现一道道大裂缝，山林里烧起了大火，洪水从地底下喷涌出来，龙蛇猛兽也出来吞食人民。人类面临着空前的大灾难。

女娲目睹人类遭到如此大祸，感到无比痛苦，于是决心补天，以终止这场灾难。于是她周游四海，遍涉群山，最后选择了东海之外的海上仙山——天台山。天台山是东海上五座仙山之一，五座仙山分别由神鳌用背驼着，以防沉入海底。女娲为何选择天台山呢？因为只有天台山才出产炼石用的五色土，是炼补天石的绝佳之地。

于是，女娲在天台山顶堆巨石为炉，取五色土为料，又借来太阳神火，历时九天九夜，炼就了五色巨石 36501 块。然后又历时九天九夜，用 36500 块五彩石将天补好。剩下的一块遗留在天台山中汤谷的山顶上（具体的数字带有真实性，并传递出古人已知石头可熔炼的信息）。

天是补好了，可是却找不到支撑四极的柱子。要是没有柱子支撑，天就会塌下来。情急之下，女娲只好将背负天台山之神鳌的四足砍下来支撑四极。女娲还擒杀了残害人民的黑龙，止住了龙蛇的嚣张气焰。最后为了堵住洪水不再漫流，女娲还收集了大量芦草，把它们烧成灰，阻塞向四处蔓延的洪流。

经过女娲一番辛劳整治，苍天总算补上了，地填平了，水止住了，龙蛇猛兽也敛迹了，人们又重新过着安乐的生活。但是这场特大的灾祸毕竟留下了痕迹，从此天还是有些向西北倾斜，因此太阳、月亮和众星辰都很自然地归向西方。又因为地向东南倾斜，所以一切江河都往那里汇流。

阅读鉴赏

这篇神话语言平实，内容也并不复杂，但女娲为拯救她所创造的人类，克服重重困难炼石补天的壮举深深地让人折服，这显示出了她对人类深深的爱。她不愧为大地之母，中华民族伟大的母亲！同样，天下所有的母亲又何尝不都是深爱着自己的孩子，像女娲一样无私与伟大呢？

拓展阅读

共工怒触不周山

传说中，水神共工是炎帝的后裔，与黄帝家族本来就矛盾重重，黄帝后人颛顼接掌统治权后，共工见时机成熟，决心推翻颛顼的统治。

共工与颛顼两股人马之间酷烈的战斗展开后，天柱被共工撞断，半边天空塌了下来。这才有了女娲炼五色石补天的故事。

第三章
黄帝战蚩尤

导　读

　　为了保护天下苍生不沦入蚩尤之手，黄帝无奈应战，和蚩尤的部落发生了一场激烈的战争。由于蚩尤实力雄厚，一连进行了七十一场战斗，黄帝依然是败多胜少。那么后来黄帝是如何扭转局面的呢？蚩尤的结局又是怎样的呢？

　　在四千多年以前，我国黄河、长江流域一带住着许多氏族和部落。黄帝是传说中最有名的一个部落首领。跟黄帝同时的另一个部落首领叫作炎帝，据说跟黄帝族是近亲。炎帝族渐渐衰落，而黄帝族慢慢兴盛起来。

　　后来，黄帝和炎帝之间发生了一场战争。<u>黄帝打败炎帝之后，许多诸侯都想拥戴他当天子。可是炎帝的子孙不甘心向黄帝臣服，三番五次挑起战争，尤以蚩尤为甚</u>（揭示了事情的起因，为后文做好铺垫）。

　　蚩尤是炎帝的孙子。据说，蚩尤生性残暴好战，他有八十一个兄弟，都是能说人话的野兽，一个个铜头铁额，把石头铁块当饭吃。蚩尤原来臣属于黄帝，可是炎帝战败后，蚩尤在庐山脚下发现了铜矿，他们把这些铜制成了剑、矛、戟、盾等兵器，军威大振，便起了野心要为炎帝报仇。蚩尤联合了风伯、雨师和夸父部族的人，气势汹汹地来向黄帝挑战。

黄帝生性爱民，不想应战，一直想劝蚩尤休战。可是蚩尤不听劝告，屡犯边界。黄帝不得已，叹息道："我若失去天下，蚩尤掌管了天下，我的臣民就要受苦了。我若姑息蚩尤，那就是养虎为患了。现在他不行仁义，一味侵犯，我只有惩罚不义！"于是黄帝亲自带兵出征，与蚩尤对阵。

　　黄帝先派大将应龙出战。应龙能飞，能从口中喷水，它一上阵，就飞上天空，居高临下地向蚩尤阵中喷水。刹那间，大水汹涌，波涛直向蚩尤冲去。蚩尤忙命风伯、雨师上阵。风伯和雨师，一个刮起漫天狂风，一个把应龙喷的水收集起来，反过来两人又施出神威，刮风下雨，把狂风暴雨向黄帝阵中打去。应龙只会喷水，不会收水，结果，黄帝大败而归（打斗场面的描写，表现了古人对自然现象的设想）。

　　不久，黄帝重整军队，重振军威，再次与蚩尤对阵。黄帝一马当先，领兵冲入蚩尤阵中。蚩尤这次施展法术，喷烟吐雾，把黄帝和他的军队团团罩住。黄帝的军队辨不清方向，看不清敌人，被围困在烟雾中，杀不出重围。就在这危急关头，黄帝灵机一动，猛然抬头看到了天上

的北斗七星，斗柄转动而斗身始终不动，他便根据这个原理发明了指南车，认定了一个方向，黄帝这才带领军队冲出了重围。

这样，黄帝和蚩尤一来二去打了七十一仗，结果是黄帝胜少败多，黄帝心中非常焦虑不安。这一天，黄帝苦苦思索打败蚩尤的方法，不知不觉昏然睡去，梦见九天玄女交给他一部兵书，说："带回去把兵书熟记在心，战必克敌！"说罢，飘然而去。黄帝醒后，发现手中果真有一本《阴符经》。打开一看，只见上面画着几个象形文字"天一在前，太乙在后"。黄帝顿然悟解，于是按照玄女兵法设九阵，置八门，阵内布置三奇六仪，制阴阳二遁，演习变化，成为一千八百阵，名叫"天一遁甲阵"。黄帝演练熟悉，重新率兵与蚩尤决战。

为了振奋军威，黄帝决定用军鼓来鼓舞士气。他打听到东海中有一座流波山，山上住着一头怪兽，叫"夔"（kuí，传说中的一种怪兽），它吼叫的声音就像打雷一样。黄帝派人把夔捉来，把它的皮剥下来做鼓面，声音震天响。黄帝又派人将雷泽中的雷兽捉来，从它身上抽出一根最大的骨头当鼓槌。传说这夔牛鼓一敲，能震响五百里，连敲几下，能连震三千八百里。黄帝又用牛皮做了八十面鼓，使得军威大振。

为了彻底打败蚩尤，黄帝特意招来女儿女魃助战。女魃是个旱神，专会收云息雨，平时住在遥远的昆仑山上。

黄帝布好阵，再次跟蚩尤决战。两军对阵，黄帝下令擂起战鼓，那八十面牛皮鼓和夔牛皮鼓一响，声音震天动地。黄帝的兵听到鼓声勇气倍增，而蚩尤的兵听见鼓声丧魂失魄。蚩尤看见自己要败，便和他的八十一个兄弟施起神威，凶悍勇猛地杀来。两军杀在一起，直杀得山摇地动，日抖星坠，难解难分。

黄帝见蚩尤确实不好对付，就令应龙喷水。应龙张开巨口，江河般的水流从上至下喷射而出，蚩尤没有防备，被冲了个人仰马翻。他也急令风伯、雨师掀起狂风暴雨向黄帝阵中打去，只见地面上洪水暴涨，波浪滔天，情况很紧急。这时，女魃上阵了，她施起法术，刹那间从她身上放射出滚滚的热浪，她走到哪里，哪里就风停雨消，烈日当头。风伯和雨师无计可施，仓皇败走了。黄帝率军追上前去，大杀一阵，蚩尤大败而逃。

蚩尤的头跟铜铸的一样硬，以铁石为饭，还能在空中飞行，在悬崖峭壁上如走平地，黄帝怎么也捉不住他。追到冀州中部时，黄帝灵感突现，命人把夔牛皮鼓使劲连擂九下，这一下，蚩尤顿时魂丧魄散，不能行走，被黄帝捉住了。黄帝命人给蚩尤戴上枷铐，把他杀了。害怕他死后还作怪，便把他的身和首埋在了两个地方。蚩尤死之后，他身上的枷铐才被取下来抛掷在荒山上，变成了一片枫树林，那每一片枫叶，都是蚩尤枷铐上的斑斑血迹（夸张描写蚩尤的神通，以衬托黄帝的伟大）。

黄帝打败蚩尤后，诸侯都尊奉他为天子，这就是轩辕（黄帝的名字）黄帝。轩辕黄帝带领百姓，开垦农田，定居中原，奠定了华夏民族的根基。

阅读鉴赏

本章语言细腻，情节完整，清楚地交代了黄帝战蚩尤的前因后果。同时，文章中的细节描写也很精彩，如黄帝发明指南车的细节。文章中还突出了黄帝的贤明与伟大，他处处为人民着想，爱民如子，和蚩尤自私、野蛮的品性形成了鲜明的对比。

拓展阅读

九天玄女

九天玄女简称玄女，俗称九天娘娘、九天玄女娘娘，原为中国古代神话中的女神，后经道教增饰被奉为女仙。

传说她是一位法力无边的女神，因除暴安民有功，玉皇大帝才敕封她为九天玄女、九天圣母。虽然她在民俗信仰中的地位并不显赫，但她是一个正义之神，其形象经常出现在古典小说之中，成为扶助英雄铲恶除暴的应命女仙，故而她在道教的地位非常重要。

第四章

尧舜让位

导 读

　　远古的时候没有世袭制，部落首领在退位之时，要把位子让给有本领的人。尧即将退位时，有人向他推荐了丹朱和共工，但是尧都没有同意。最终，尧选中了舜作为他的职位继承人。尧为什么会选择舜呢？舜身上有着哪些优秀品质呢？

　　传说黄帝以后，先后出了三个很有名的部落联盟首领，分别叫尧（yáo）、舜（shùn）和禹（yǔ）。他们原来都是单一部落的首领，后来被推选为部落联盟的首领。在那个时期，做部落联盟首领的，有什么大事，都要找各部落首领一起商量。

　　尧年纪大了，想找一个继承他职位的人。有一次，他召集四方部落首领来商议。尧说出他的打算后，有个名叫放齐的说："你的儿子丹朱很开明，是个适合的继承人选。"尧严肃地说："不行，这小子品德不好，专爱跟人争吵。"

　　另一个叫讙兜（huān dōu）的说："管水利的共工，工作倒做得很不错。"尧摇摇头说："共工能说会道，表面恭谨，心里却另是一套。用这种人，我不放心。"

　　这次讨论没有结果，尧继续物色他的继承人。有一次，他又把四方部落首领找来商量,要大家推荐。到会的人一致推荐舜。尧点点头说:"嗯,我也听说过这个人。你们能不能把他的事迹详细说说?"

大家便说起了舜的情况:舜的父亲是个糊涂透顶的人,人们叫他瞽①叟。舜的生母早死,后母很坏。后母生的弟弟名叫象,非常傲慢无礼,瞽叟却很宠他。舜生活在这样一个家庭里,待他的父母、弟弟却很好。所以,大家认为舜是个德行好的人。

尧听了非常高兴,决定先考察一下舜。他把自己两个女儿娥皇、女英嫁给舜,还替舜筑了粮仓,分给他很多牛羊。舜的后母和弟弟见了,又是羡慕,又是妒忌,于是和瞽叟一起用计,几次三番想暗害舜(为后文故事情节的发展做了铺垫,从而引起下文)。

有一回,瞽叟叫舜修补粮仓的顶。当舜用梯子爬上仓顶的时候,瞽叟就在下面放起火来,想把舜烧死。舜在仓顶上一见起火,想找梯子,梯子却已经不知去向。幸好舜随身带着两顶遮太阳用的笠帽。他双手拿着笠帽,像鸟张开翅膀一样跳下来。舜轻轻地落在地上,一点也没受伤。

瞽叟和象并不甘心,他们又叫舜去淘井。舜跳下井去后,瞽叟和象就在地面上把一块块土石丢下去,想把井填满,把舜活活埋在里面。没想到舜下井后,在井边掘了一个孔道,钻了出来,又安全地回家了。

象不知道舜早已脱险,得意扬扬地回到家里,跟瞽叟说:"这一回哥哥准死了,这个妙计是我想出来的。现在我们可以把哥哥的财产分一分

① 瞽(gǔ):眼睛失明的人。

了。"说完，他向舜住的屋子走去，哪知道，他一进屋子，舜正坐在床边弹琴呢。象心里暗暗吃惊，很不好意思地说："唉，我多么想念你呀！"

舜也装作若无其事，说："你来得正好，我的事情多，正需要你帮助我来料理呢。"

以后，舜还是像过去一样和和气气地对待他的父母和弟弟，瞽叟和象再也不敢暗害舜了（舜和他的家人的行为形成了鲜明的对比，体现了舜宽宏大量的优良品质）。

尧听了大家介绍的舜的事迹，又经过考察，认为舜确是个品德好又很能干的人，就把首领的位子让给了舜。这种让位，历史上称作"禅（shàn）让"。其实，在氏族公社时期，部落首领老了，用选举的办法推选新的首领，并不是什么稀罕事儿。

舜接位后，勤劳、简朴，跟老百姓一起劳动，受到大家的信任。过了几年，尧死了，舜还想把部落联盟首领的位子让给尧的儿子丹朱，可是大家都不赞成。舜才正式当上了首领。

阅读鉴赏

文章选材精要，内容丰富，通过生动起伏的故事情节，为读者刻画了一个品格高尚的贤士形象，鲜明地表现了舜的品德和才能。

拓展阅读

娥皇、女英

娥皇、女英，中国古代传说中尧的两个女儿，也称"皇英"。传说中，尧见舜德才兼备，深得人心，便把两个女儿娥皇、女英嫁给舜为妻，后又将首领的位子禅让给舜。

第五章

大禹治水

导 读

　　我国人民与洪水搏斗的古老故事，就是从鲧开始的。鲧受命治水九年，劳民伤财，无功被杀。后来，大禹接替父亲的职责，继续治水，最终取得了成功。那么，大禹是怎样治水的呢？

　　相传距今四千多年前，我国处于尧、舜相继掌权的传说时代，这也是我国从原始社会向奴隶社会过渡的父系氏族公社时期。那时，生产力极为低下，生活条件很艰苦，有些大河每隔一年半载就要闹一次水灾。洪水横流，滔滔不绝，房屋倒塌，田地被淹，五谷不收，大批民众死亡，侥幸活下来的人们只得逃到山上去躲避（描写了水灾带给人民的深重灾难，为下文写鲧和大禹治水做了铺垫）。

　　部落联盟首领尧，为了解除水患，召开了部落联盟会议，请各部落首领共商治水大事。尧对大家说："水灾无情，请大家考虑一下，派谁去治水？"大家公推鲧去办理，尧不赞成，说："他很任性，可能办不成大事。"但是，其他首领坚持让鲧去试一试。按照当时部落的习惯，部落联盟首领的意见与大家意见不相符时，首领要听从大家的意见。尧只好采纳大家的建议，勉强同意鲧去治水。

鲧到了治水的地方以后，沿用了过去的传统，用水来土挡的办法治水，也就是用土筑堤，堵塞漏洞的办法。<u>他把人们活动的地区用了一个像围墙似的土城围了起来，洪水来时，不断加高加厚土层。但是由于洪水凶猛，不断冲击土墙，结果弄得堤毁墙塌，洪水反而闹得更凶了</u>（详细描写鲧治水的方法，与下文大禹治水的方法进行对比）。鲧治水九年，劳民伤财，一事无成，并没有把洪水制伏。

舜接替尧做了部落联盟首领之后，亲自巡视治水情况。他见鲧对洪水束手无策，耽误了大事，就把鲧治罪，处死在羽山（神话中的地名）。随后，他又命鲧的儿子禹继续治水，还派商族的始祖契、周族的始祖弃、东夷族的首领伯益和皋陶等人前去协助。

大禹领命之后，首先总结以前治水失败的教训，接着就带领契、弃等人和徒众助手一起<u>跋山涉水，把水流的源头、上游、下游大略考察了一遍，并在重要的地方堆积一些石头或砍伐树木作为记号，便于治水时做参考</u>（大禹治水，并非遵循传统方法，而是先充分观察、研究，为他治水成功打下了基础）。这次考察很辛苦。据说有一次他们走到山东的一条河边，突然狂风大作，乌云翻滚，电闪雷鸣，大雨倾盆，山洪暴发了，一下子卷走了不少人。有些人在咆哮的洪水中被淹没了，有些人在翻滚的水流中失踪了。大禹的徒众十分惊骇，因此后来有人就把这条河叫徒骇河。

考察完毕后，大禹对各种水情做了认真研究，最后决定用疏导的办法来治理水患。大禹亲自率领徒众和百姓，带着简陋的石斧、石刀、石铲、木耒等工具，开始治水。他们一心扑在治水上，露宿野餐，粗衣淡饭，风里来雨里去，扎扎实实地劳动着。尤其是大禹，起早贪黑，兢兢业业，腰累疼了，腿累肿了，仍然不敢懈怠。

据考证，当时大禹治水的地区，大约在现在的河北东部、河南东部、山东西部和南部以及淮北地区。一次，他们来到了河南洛阳南郊。这里有座高山，属秦岭山脉的余脉，一直延续到中岳嵩山，峰峦奇特，巍峨雄姿，犹如一座东西走向的天然屏障。高山中段有一个天然的缺口，涓

涓的细流就由缺口轻轻流过。但是，特大洪水暴发时，河水就被大山挡住了去路，在缺口处形成了旋涡，奔腾的河水危及周围百姓的安全。大禹决定集中治水的人力，在群山中开道。艰苦的劳动，损坏了一件件石器、木器、骨器工具。人的损失就更大了，有的被山石砸伤了，有的上山时摔死了，有的被洪水卷走了。可是，他们仍然毫不动摇，坚持劈山不止（用具体的损失说明了大禹等人治水的艰难，表现了其无私奉献的伟大精神）。在这艰辛的日日夜夜里，大禹的脸晒黑了，人累瘦了，甚至连小腿肚子上的汗毛都被磨光了，脚指甲也因长期泡在水里而脱落，但他还在操劳着、指挥着。在他的带动下，治水进展神速，大山终于被凿开了，形成两壁对峙之势，洪水由此一泻千里，向下游流去，江河从此畅通。

大禹用疏导的办法治水获得了成功。原来，黄河水系有主流、支流之分，如果把主流加深加宽，把支流疏通，与主流相接，这样就可使所有支流的水，都归主流。同时，他们把原来的高处培修，使它更高，把原来的低地疏浚使它更深，便自然形成了陆地和湖泽。他们把这些大小湖泽与大小支流连接起来，洪水就能畅通无阻地流向大海了。

大禹指挥人们花了十年左右的工夫，凿了一座又一座大山，开了一条又一条河渠。他公而忘私，据说几次路过家门，都没有进去。第一次他路过家门口，正好遇上妻子生孩子，大家劝他进去看一看，照顾一下，他怕影响治水，没有进去；又一次经过家门时，他的儿子正在他妻子的怀中向他招着手，这正是工程紧张的时候，他只是挥手打了下招呼，就走过去了；还有一次，他的孩子已经十多岁了，看见了父亲，非常高兴，要大禹到家里看一看，他还是没有进门（表现了大禹的责任心与献身精神。后来，人们用"三过家门而不入"来表示舍小家为大家的精神）。他把整个身心都用在开山挖河的事业中了。

大禹因治水有功，被大家推举为舜的助手。过了十七年，舜死后，他继任部落联盟首领。后来，大禹的儿子启创建了我国第一个奴隶制朝代——夏朝，因此，后人也称他为夏禹。

阅读鉴赏

　　大禹从鲧治水的失败中汲取教训，改变了"堵"的办法，对洪水进行疏导，体现出他具有带领人民战胜困难的聪明才智；三过家门而不入，表现了大禹公而忘私、献身于为人民造福的事业的崇高精神。同时，人民在大禹的领导下，齐心协力降伏水患，体现了中华民族勤劳、智慧、勇敢、奉献、坚毅、万众一心战胜困难的精神。

拓展阅读

筷子的由来

　　关于筷子的起源，民间流传着三种说法。其中比较真实、流传比较广泛的是大禹用树枝、细竹捞食锅中滚烫的食物，后渐渐演变成筷子的故事。有一次大禹乘船到一个岛上，饥饿难忍，就架起陶锅煮肉，肉煮熟后因为烫手无法用手抓食，他就砍下两根树枝把肉从汤中夹出，吃了起来。手下的人见他这样吃肉，也纷纷效仿，这就是筷子的雏形。

第六章
商汤和伊尹

导　读

　　夏朝末年，社会矛盾尖锐，夏桀暴虐无道，荒淫无度，各部落对他离心离德。而此时，商汤暗中扩充自己的势力，并有了伊尹的帮助，实力逐渐增强，就等待时机推翻夏朝。那么，结果如何呢？

　　黄河下游有个部落叫商。传说商的祖先契（xiè）在尧舜时期，跟禹一起治过洪水，曾立下了大功。后来，商部落因为畜牧业发展得快，到了夏朝末年，汤做了首领的时候，已经成为一个强大的部落了。

　　夏王朝统治了四百多年，到了公元前十六世纪，夏朝最后的一个王夏桀（jié）在位。夏桀是个出名的暴君，他和奴隶主贵族残酷压迫人民，对奴隶镇压得更厉害。夏桀还大兴土木，建造宫殿，过着荒淫奢侈的生活。

　　大臣关龙逄（páng）劝说夏桀：如果再这样下去会丧失人心。夏桀勃然大怒，把关龙逄杀了。百姓恨透了夏桀，诅咒说："这个太阳什么时候才会灭亡，我们宁愿跟你同归于尽（桀的暴政和百姓的愤恨为后文做了铺垫）。"

　　商汤看到夏桀十分腐败，决心推翻夏朝。他表面上对桀服从，暗地里却不断扩大自己的势力。

　　那时候，部落的贵族都是迷信鬼神的，把祭祀天地祖宗看作最要紧的事。商部落附近有一个部落叫葛，那儿的首领葛伯不按时祭祀。汤派人去责问葛伯，葛伯回答说：“我们这儿穷，没有牲口作祭品。”

汤送了一批牛羊给葛伯作祭品。葛伯把牛羊杀掉吃了，又不祭祀。汤又派人去责问，葛伯说：“我没有粮食，拿什么来祭呢？”

汤又派人帮助葛伯耕田，还派一些老弱的人给耕作的人送酒送饭，不料在半路上，葛伯把那些酒饭都抢走，还杀了一个送饭的小孩。

葛伯的这种做法，激起了大家的公愤。汤以此为契机，出兵先把葛部落消灭了。接着，又连续攻取了附近几个部落。商汤的势力渐渐发展了，但是并没引起昏庸的夏桀注意。商汤的妻子带来的陪嫁奴隶中，有一个叫伊尹(yǐn)的人。传说伊尹开始到商汤家的时候，只是作为厨师服侍商汤。后来，商汤逐渐发现伊尹与一般的奴隶有所不同，商汤和他交谈以后，才知道他是有心装扮成陪嫁奴隶来找汤的。伊尹向汤谈了许多治国的道理，汤马上把伊尹提拔做他的助手。

商汤和伊尹商量讨伐夏桀的事。伊尹说：“现在夏桀的势力还很强大，我们可以先不去朝贡，试探一下，看他有什么反应。”

商汤按照伊尹的计策，停止了对夏桀的进贡。夏桀果然大怒，命令九夷发兵攻打商汤。伊尹一看夷族还服从夏桀的指挥，赶紧向夏桀请罪，恢复了进贡。

过了一年，九夷中一些部落忍受不了夏朝的压榨勒索，逐渐叛离夏朝，商汤和伊尹才决定大举进攻。

自从夏启以来，同姓相传已经四百多年，要把夏王朝推翻，也不是一件容易的事。汤和伊尹商量了一番，决定召集商军将士，由汤亲自向大家誓师。

汤说：“我不敢进行叛乱，实在是夏桀作恶多端，上天的意旨要我消灭他，我不敢不听从天命啊！”他接着又宣布了赏罚的纪律（语言描写，表现汤利用天命说指挥军队的情景）。

商汤借上天的意旨来动员将士，再加上将士恨不得夏桀早早灭亡，因此，作战非常勇敢。夏、商两军在鸣条（今山西运城安邑镇北）打了一仗，夏桀的军队被打败了。

最后，夏桀逃到南巢（今安徽巢湖市），汤追到那里，把桀流放在南巢，一直到他死去。这样，夏朝就被新建立的商朝代替了。

阅读鉴赏

文章中并没有描写两军交战的宏伟战争场面，而是详细描写了商汤为讨伐夏桀所做的准备，并通过这些事情表现了商汤和伊尹的智慧，从而使读者对商汤和伊尹的印象更为深刻。

拓展阅读

妹　喜

妹喜，又作末喜，与妲己、褒姒、骊姬并称为中国古代四大妖姬。有诗称赞妹喜的美丽："有施妹喜，眉目清兮。妆霓彩衣，袅娜飞兮。晶莹雨露，人之怜兮。"

妹喜是夏桀的宠妃。夏桀多行不义，最后夏王朝终于灭亡了。由于夏桀宠幸妹喜这个妖冶的女子，人们便把夏王朝灭亡的罪过归结到妹喜的身上。

第七章
周公辅成王

导　读

　　周武王死后，他的儿子姬诵继承王位，就是周成王。但是刚建立的周王朝还不太稳固，姬诵又年幼，尚没有能力掌管国家大事。于是就由武王的弟弟周公旦辅佐姬诵管理国家大事。周公旦是怎样辅佐成王的呢？在辅佐过程中遇到了哪些问题呢？

　　周武王建立了周王朝以后，过了两年就害病死了。他的儿子姬诵继承王位，就是周成王。那时候，周成王才十三岁，再说，刚建立的周王朝还不大稳固，于是由武王的弟弟周公旦辅助成王掌管国家大事，实际上就是代理天子的职权（简要交代故事发生的背景，便于下文故事情节的展开，总领全文）。历史上通常不称周公旦的名字，只叫他周公。

　　周公的封地在鲁国，因为他要留在京城处理政事，不能到封地去。于是，等他的儿子伯禽长大了，他就派伯禽代他到鲁国去做国君。

　　伯禽临走的时候，问他父亲有什么嘱咐。周公说："我是文王的儿子，武王的弟弟，当今天子的叔叔，你觉得我的地位怎么样？"

　　伯禽说："那自然是很高的了。"

　　周公说："对呀！我的地位确实很高，但是我每次洗头发的时候，一碰到急事，就马上停止洗发，把头发握在手里去办事；每次吃饭的时候，

听说有人求见，我就把来不及咽下的饭菜吐出来，去接见那些求见的人（表现了周公思贤若渴，礼贤下士，为招募人才而操心忙碌）。我这样做，还怕天下的人才不肯到我这儿来呢。你到了鲁国，不过是个国君，可不能骄傲啊！"

伯禽连连点头，表示一定记住父亲的教导。

周公尽心尽力辅助成王，管理国事，可是他的弟弟管叔、蔡叔却在外面造谣，说周公有野心，想要篡夺王位！

纣王的儿子武庚虽然被封为殷侯，但是受到周朝的监视，觉得很不自由，早就希望周朝发生内乱，从而重新恢复他殷商的王位。于是，他就和管叔、蔡叔串通一气，联络了一批殷商的旧贵族，还煽动东夷的几个部落，叛乱起来。

武庚和管叔等人制造的谣言，闹得镐京也沸沸扬扬，连召公奭听了也怀疑起来。成王年龄小不大懂事，更搞不清是真是假，对这位辅佐他的叔父也有点信不过了。

周公心里很难过，他首先找召公奭披肝沥胆地谈了一次话，告诉召

公奭，自己绝没有野心，要召公奭顾全大局，不要轻信谣言。召公奭被他这番诚恳的话感动，消除了误会，重新和周公合作。周公在安定了内部之后，毅然调动大军，亲自率领大军东征（表现了周公为大局着想，及时消除了私怨）。

这时候，东方有几个部落，像淮夷、徐戎等，都配合武庚，蠢蠢欲动。周公下命令给太公望，并授权给他，如各诸侯国有不服周朝的，都由太公望征讨。这样，由太公望控制了东方，他自己全力对付武庚。

历时三年，周公终于平定了武庚的叛乱，把带头叛乱的武庚杀了。管叔一看武庚失败了，觉得没有面目见他的哥哥和侄儿，便上吊自杀了。周公平定了叛乱后，将蔡叔放逐。

在周公东征的过程中，一大批原来商朝的贵族成了俘虏。因为他们反抗周朝，所以称他们为"顽民"。周公觉得让这批人留在原来的地方不大放心；同时，又觉得镐京在西边，要控制东部的广大中原地区很不方便，就在东面新建了一座都城，叫作洛邑（今河南洛阳市），把殷朝的"顽民"都迁到那里，派兵监视他们。

从此以后，周朝就有了两座都城。西部是镐京，又叫宗周；东部是洛邑，又叫成周。

周公辅佐成王执政了七年，总算把周王朝的统治巩固了下来，他还为周朝制定了一套典章制度。到周成王满二十岁的时候，周公把政权交给成王管理。

从周成王到他的儿子康王两代，前后五十多年，是周朝强盛和统一的时期，历史上叫作"成康之治"。

阅读鉴赏

本文开篇就介绍了故事发生的背景，叙述简洁有力，直入主题。文章详细记叙了周公辅佐成王的过程，并用具体的事例表现了周公的勤政、忠心耿耿、德才兼备。周公是一位当之无愧的贤臣，也是历代为政者的典范。

短 歌 行

曹 操

对酒当歌，人生几何？

譬如朝露，去日苦多。

慨当以慷，忧思难忘。

何以解忧？唯有杜康。

青青子衿，悠悠我心。

但为君故，沉吟至今。

呦呦鹿鸣，食野之苹。

我有嘉宾，鼓瑟吹笙。

明明如月，何时可掇？

忧从中来，不可断绝。

越陌度阡，枉用相存。

契阔谈宴，心念旧恩。

月明星稀，乌鹊南飞。

绕树三匝，何枝可依？

山不厌高，海不厌深。

周公吐哺，天下归心。

第八章

国人暴动

导　读

　　都城镐京的国人因不满周厉王的政策，怨声载道。为了杜绝议论，周厉王命令卫巫监谤，禁止国人谈论国事，违者杀戮。周厉王的这种高压政策会产生什么样的后果呢？

　　在成王、康王统治的时期，周朝政局比较安定。后来，由于奴隶主贵族加重剥削，加上不断发动战争，平民和奴隶的不满情绪也随之增长。周朝的统治者为了镇压人民，采用了十分严酷的刑罚。周穆王的时候，制定了三千条刑罚，犯法的人受的刑罚有五种，叫作"五刑"，比如额上刺字、割鼻、砍脚等等。但是，刑罚再严，也阻止不了人民的反抗。

　　到了西周第十个王周厉王即位后，他对人民的压迫更重了。周厉王宠信一个名叫荣夷公的大臣，实行"专利"政策。他们霸占了一切山林、湖泊、河流，不准人民利用这些天然资源谋生；他们还勒索财物，虐待人民（为后文描写人民反抗、爆发国人暴动做铺垫）。

　　那时候，住在野外的农夫叫"野人"，住在都城里的平民叫"国人"。周都镐京的国人不满厉王的暴虐措施，怨声载道。大臣召公虎听到国人的议论越来越多，进宫告诉厉王说："百姓已经忍受不了了，大王如果不

30

趁早改变做法，出了乱子就不好收拾了。"

厉王满不在乎地说："你不用急，我自有办法对付。"

于是，他下了一道命令，禁止国人批评朝政，还从卫国找来一个巫师，要他专门刺探批评朝政的人，说："如果发现有人在背后诽谤我，你就立即报告（活生生地刻画出了一个昏庸、专制的君主形象）。"

卫巫为了讨好厉王，派了一批人到处察听。那批人还敲诈勒索，谁不服他们，他们就随便诬告。

厉王听信了卫巫的报告，杀了不少国人。在这样的压力下，国人真的不敢在公开场合里议论了。人们在路上碰到熟人，也不敢交谈招呼，只交换一个眼神，就匆匆地走开。

厉王听卫巫报告批评朝政的人渐渐少了下来，十分满意。有一次，召公虎去见厉王，厉王得意扬扬地说："你看，这会儿不是已经没有人议论了吗？"

召公虎叹了一口气说："唉，这怎么行呢？堵住人的嘴，不让人说话，比堵住河流还要危险哪！治水必须疏通河道，让水流到大海；治国家也是一样，必须引导百姓说话。硬堵住河流，就要决口；硬堵住人的嘴，是要闯大祸的呀！"

厉王撇撇嘴，不去理他，召公虎只好退下（这预示了人民必将暴动、周朝必将衰落的恶果）。

厉王和荣夷公的暴政越来越厉害，到了公元前841年，国人忍无可忍，终于举行了一次大规模的暴动。起义的国人围攻王宫，要杀厉王。厉王得知风声，慌慌忙忙带了一批人逃命，一直逃过黄河，到彘（今山西霍县东北）这个地方才停下来。

国人杀进王宫，没有搜到厉王。有人探知厉王的太子靖逃到召公虎家躲了起来，他们就围住召公虎家，要召公虎交出太子。召公虎没有办法，只好把自己的儿子冒充太子送出去，才算把太子保护了下来。

厉王出走后，朝廷里没有天子，怎么办呢？经大臣们商议，由召公虎和另一个大臣周公主持贵族会议，暂时代替周天子行使职权，历史上称为"共和行政"。从共和元年，也就是公元前841年起，中国历史才有了确切的纪年。

共和行政维持了十四年之后，周厉王在彘死去，大臣们立太子姬静即位，就是周宣王。宣王在政治上比较开明，得到诸侯的支持。但是，经过这一场国人暴动，周朝已经外强中干，兴盛不起来了（这说明国人暴动给周朝带来了致命的内伤，让人深思）！

阅读鉴赏

文章详细介绍了国人暴动的前因后果，语言生动活泼，并多次运用语言描写表现了周厉王的残暴无德。

拓展阅读

周　朝

周朝是中国历史上继商朝之后的一个世袭封建王朝，分为"西周"（前1046年～前771年）与"东周"（前770年～前256年）两个时期。西周由周武王姬发创建，定都镐京和丰京，成王时期营建洛邑；西周末年，周平王姬宜臼从镐京东迁洛邑后，史称东周。其中东周时期又称"春秋战国"，分为"春秋"和"战国"两个阶段。

第九章
齐桓公九合诸侯

导　读

　　齐桓公在位时，威望很高，处于霸主地位。其他各国都臣服于齐国，只有南方的楚国不把齐国放在眼里，还停止了向周朝进贡。齐桓公是怎样处理这个问题的呢？

　　齐国虽然在长勺打了一次败仗，但是这并没有影响齐桓公后来的霸主地位。过了十多年，北方的燕国（都城在今北京）派使者来讨救兵，说燕国被附近的一个部落山戎侵犯，打了败仗。齐桓公就决定率领大军去救燕国（显示了其不凡的远见和大度）。

　　公元前663年，齐国大军到了燕国，山戎已经抢了一批百姓和财宝逃回去了。

　　齐国和燕国的军队联合起来，一直向北追去。没想到他们被敌人引进了一个迷谷。那迷谷就像大海一样，没边没沿，他们怎么也找不到原来的道路。

　　还是管仲想出一个主意来。他对齐桓公说："马也许能认得路，不如找几匹当地的老马，让它们在前面走，也许能走出这个地方。"

　　齐桓公叫人挑了几匹老马，让它们领路。这几匹老马果然领着人马

<u>出了迷谷</u>（这充分表现了管仲的智慧及其作战、生活经验的丰富）。

　　齐桓公帮助燕国打败山戎以后，邢国也遭到另一个部落狄人的侵犯。齐桓公又带着人马去赶跑了狄人，帮助邢国重筑了城墙。接着，狄人又侵犯卫国，齐桓公帮助卫国在黄河南岸重建国都。因为这几件事，齐桓公的威望又提高不少。只有南方的楚国（都城在今湖北江陵西北），不但不服齐国，还跟齐国对立起来，要跟齐国比个高低。

　　楚国在中国南部，向来不和中原诸侯来往。那时候，中原诸侯把楚国当作"蛮子"看待。但是，楚国人开垦南方的土地，逐步收服了附近的一些部落，慢慢地变成了大国。后来，干脆自称楚王，不把周朝的天子放在眼里。

　　公元前656年，齐桓公约会了宋、鲁、陈、卫、郑、曹、许七国军队，联合进攻楚国。

　　楚成王得知消息，也集合了人马准备抵抗。他派了使者去见齐桓公，说："我们大王叫我来请问，齐国在北面，楚国在南面，两国素不往来，真可谓风马牛不相及（风，雌雄相互吸引。及，到。不相及，不会互相吸引。比喻事物彼此毫不相干）。为什么你们的兵马要跑到这儿来呢？"

管仲责问说："我们两国虽然相隔很远，但都是周天子封的。当初齐国太公受封的时候，曾经接受一个命令：谁要是不服从天子，齐国有权征讨。你们楚国本来每年向天子进贡包茅（用来滤酒的一种青茅），为什么现在不进贡呢？"使者说："没进贡包茅，这是我们的不是，以后一定进贡。"

使者走后，齐国和诸侯联军又拔营前进，一直到达召陵（今河南郾城县）。

楚成王又派屈完去探问。齐桓公为了显示自己的军威，请屈完一起坐上车去看从中原来的各路兵马。屈完一看，果然军容整齐，兵强马壮。

齐桓公趾高气扬地对屈完说："你瞧瞧，这样强大的兵马，谁能抵挡得了（这句话极其生动地描写了齐桓公骄傲自满的心态）？"

屈完淡淡地笑了笑，说："君侯协助天子，讲道义，扶助弱小，人家才佩服你。要是光凭武力的话，那么，咱们国力虽不强，但是用方城（楚国所筑的长城，在今河南方城北至泌阳东北）做城墙，用汉水做壕沟。您就是再多带些人马来，也未必能打得进去。"

齐桓公听屈完说得挺强硬，估计也未必能轻易打败楚国，而且楚国既然已经认了错，答应进贡包茅，也算有了面子。就这样，中原八国诸侯和楚国一起在召陵订立了盟约，各自回国去了。

后来，周王室发生纠纷，齐桓公又帮助太子姬郑巩固了地位。太子即位后，就是周襄王。周襄王为了报答齐桓公，特地派使者把祭祀太庙的祭肉送给齐桓公，算是一份厚礼。

齐桓公趁此机会，又在宋国的葵丘（今河南兰考东）会合诸侯，招待天子使者，并且订立了一个盟约，主要内容是：修水利，防水患，不准把邻国作为水坑；邻国有灾荒来买粮食，不应该禁止；凡是同盟的诸侯，在订立盟约以后，都要友好相待。

用具体的内容说明齐桓公对诸侯各国的宽厚仁慈，为其霸主地位奠定了基础。

这是齐桓公最后一次会合诸侯。像这样大的会合，一共有许多次，历史上称作"九合诸侯"。

公元前645年，管仲病死。过了两年，齐桓公也死去。齐桓公一死，他的五个儿子开始抢夺君位，齐国发生了内乱，公子昭逃到宋国。齐国的霸主地位也就失去了。

阅读鉴赏

"九合诸侯"的意思为多次会盟诸侯，匡正安定天下。九，概数，言次数之多。齐桓公任用管仲改革内政，致力于富国强兵，增强国力；对外实行"尊王攘夷"的政策，树立了自己的威严和信誉。桓公、管仲曾多次会盟诸侯，抑强扶弱，存亡国，继绝世，匡正天下于一统。本文很好地体现了齐桓公的智谋和大度，细腻而真实地为我们刻画了一个活生生的一代霸主形象。

拓展阅读

鲍叔识才之能

管仲说："我经商分财利时自己常常多拿一些，但鲍叔并不认为我贪财，知道我是由于生活贫困的缘故。我曾经三次做官，三次都被君主免职，但鲍叔并不认为我没有才干，知道我是由于没有遇到好时机。生我的是父母，但了解我的却是鲍叔啊！"

所以天下人不称赞管仲的贤能，却称颂鲍叔能够识别人才。

第十章

晋文公退避三舍

导　读

　　两军交战，寸土必争，而晋国在和楚国交战时，晋文公却情愿让军队后退九十里，以报答当年楚王的恩情。晋军退避三舍（古代三十里为一舍，三舍即九十里）之后，最后的战争结果如何呢？

　　晋文公即位以后，整顿内政，发展生产，把晋国治理得渐渐强盛起来。他也想能像齐桓公那样，做个中原的霸主。

　　这时候，正好周朝的天子周襄王派人来讨救兵。周襄王有个异母兄弟叫太叔带，联合了一些大臣，向狄国借兵，夺了王位。周襄王带着几十个随从逃到郑国。他发出命令，要求各国诸侯护送他回洛邑去。列国诸侯有派人去慰问天子的，也有送食物去的，可就是没有人愿意发兵攻打狄人（表现列国的不配合，并为后文做铺垫）。

　　有人对周襄王说："现在诸侯当中，只有秦、晋两国有力量打退狄人，别人恐怕不中用。"于是，襄王打发使者去请晋文公护送他回朝。

　　晋文公马上发兵往东打过去，把狄人打败，又杀了太叔带和他那一帮人，护送天子回到京城。

　　过了两年，又有宋襄公的儿子来讨救兵，说楚国派大将成得臣率领楚、陈、蔡、郑、许五国兵马攻打宋国。大臣们都说："楚国老是欺负中原诸侯，主公要扶助有困难的国家，建立霸业，这可是时候啦。"

晋文公早就看出，要当上中原霸主，就得打败楚国。他就扩充队伍，建立了三个军，浩浩荡荡地去救宋国。

公元前632年，晋军打下了归附楚国的两个小国——曹国和卫国，并把两国国君都俘虏了。

楚成王本来并不想同晋文公交战，听到晋国出兵，立刻派人下命令叫成得臣退兵。可是成得臣以为宋国迟早可以拿下来，不肯半途而废。他派部将去对楚成王说："我虽然不敢说一定打胜仗，但一定要拼一个死活。"

楚成王很不痛快，只派了少量兵力归成得臣指挥。

成得臣先派人通知晋军，要他们释放卫、曹两国国君。晋文公却暗地通知这两国国君，答应恢复他们的君位，但是要他们先跟楚国断交。曹、卫两国真的按晋文公的意思办了。

成得臣本想救这两个国家，不料他们倒先来跟楚国绝交。这一来，真气得他双脚直跳。他嚷着说："这分明是重耳这个老贼逼他们做的。"他立即下令，催动全军赶到晋军驻扎的地方去（动作及语言描写恰如其分地表现了成得臣的气愤）。

楚军一进军，晋文公立刻命令军队往后撤。晋军中有些将士可想不开了，说："我们的统帅是国君，对方带兵的是臣子，哪有国君让臣子的理？"

狐偃解释说："打仗先要凭个理，理直气就壮。当初楚王曾经帮助过主公，主公在楚王面前答应过：要是两国交战，晋国情愿退避三舍。今天后撤，就是为了实现这个诺言啊。要是我们对楚国失了信，那么我们就理亏了。我们退了兵，如果他们还不罢休，步步进逼，那就是他们输了理，我们再跟他们交手也不迟。"

晋军一口气后撤了九十里，到了城濮（今山东鄄城西南），才停下来，布置好了阵势。

楚国有些将军见晋军后撤，想停止进攻。可是成得臣却不答应，一步盯一步地追到城濮，跟晋军遥遥相对。

成得臣还派人向晋文公下战书，措辞十分傲慢。晋文公也派人回答说："贵国的恩惠，我们从来都不敢忘记，所以退让到这儿。现在既然你们不肯谅解，那么只好在战场上比个高低了。"

大战展开了。才一交手，晋国的将军用两面大旗，指挥军队假装向后败退。他们还在战车后面拖着伐下的树枝，战车后退时，地下扬起一阵阵的尘土，显出十分慌乱的模样。

成得臣一向骄傲自大，不把晋人放在眼里。他不顾前后地直追上去，正中了晋军的埋伏（揭示了成得臣落败的原因，引起下文）。晋军的中军精锐，猛冲过来，把成得臣的军队拦腰切断。原来假装败退的晋军又回过头来，前后夹击，把楚军杀得七零八落。

晋文公连忙下令，吩咐将士们只要把楚军赶跑就是了，不再追杀。

成得臣带了残兵败将回楚国，觉得没法向楚成王交代，就在半路上自杀了。

晋军占领了楚国营地。把楚军遗弃下来的粮食吃了三天，才回国。

晋国打败楚国的消息传到周都洛邑，周襄王和大臣都认为晋文公立了大功。周襄王还亲自到践土（今河南原阳西南）慰劳晋军。晋文公趁此机会，在践土给天子造了一座新宫，还约了各国诸侯开了个大会，订立了盟约。这样，晋文公就当上了中原的霸主。

阅读鉴赏

在退避三舍的劣势之下，晋文公为什么依然能够打败楚军，稳坐中原霸主的宝座呢？这与他宽容大量、坚守承诺、智慧不凡的优秀品质是分不开的。文章通过具体的事例清楚地交代了晋文公能够称霸的原因，其中，成得臣鲁莽冲动、骄傲自大的性格与晋文公的稳重、智慧形成了鲜明的对比，是文章的一大看点。

拓展阅读

春秋五霸

前770年～前476年，在历史上被称为春秋时代。相传春秋初期诸侯列国有一百四十多个，经过连年兼并，到后来只剩较大的一些。这些强大的诸侯国为了争夺霸权，互相征战，争做霸主，先后称霸的五个诸侯被称作"春秋五霸"。

春秋五霸一种说法说是指齐桓公、宋襄公、晋文公、秦穆公和楚庄王。另一种说法是齐桓公、晋文公、楚庄王、吴王阖闾（hé lú）、越王勾践。

第十一章
秦灭六国

导　读

　　秦国想统一中国，于是采取了尉缭的建议，先攻打魏国，再打楚国，最后攻占燕国、赵国和齐国。在秦灭六国之前，中国已经分裂了五百多年，那么秦王是凭借什么力量消灭六国、统一中国的呢？

　　燕太子丹派荆轲刺杀秦王，但是刺杀失败（交代前因）。秦王政杀了荆轲，随即命令大将王翦加紧攻打燕国。燕太子丹带着兵马抵抗，可哪里是秦军的对手，马上被秦军打得一败涂地。燕王喜和太子丹逃到辽东。秦王政又派兵追击，非把太子丹拿住才肯罢休。燕王喜被逼得没有办法，只好杀了太子丹，向秦国谢罪求和。

　　秦王政又向尉缭请教下一步该做什么。尉缭说："韩国已经被咱们兼并，赵国只剩下一座代城（今河北蔚县），燕王已逃到辽东，他们都快完了。目前天冷，不如先去收服南方的魏国和楚国。"秦王政听从尉缭的计策，就派王翦的儿子王贲（bēn）带兵十万人先攻魏国。魏王派人向齐国求救，齐王建没有理他。公元前225年，王贲灭了魏国，把魏王和大臣都捉拿了，押到咸阳。

　　接着，秦王政就打算去打楚国。他召集将领们讨论了一下，先问青年将

领李信，打楚国要多少人马。李信说："不过二十万吧。"

他又问老将军王翦。王翦回答说："楚国是个大国，用二十万人去打楚国是不够的。依臣的估计，非六十万不可。"

秦王政很不高兴，说："王将军老了，怎么这样胆小？我看还是李将军说得对。"就派李信带兵二十万往南方去。

王翦见秦王不听他的意见，就告病回老家去了。

李信带了二十万人马到了楚国，不出王翦所料，打了个大败仗，兵士死伤无数，将领也死了七个，只好逃了回来。

秦王政大怒，把李信革了职，亲自跑到王翦的家乡，请他出来带兵，说："上回是我错了，没听将军的话。李信果然误事，这回非请将军出马不可。"

王翦说："大王一定要我带兵，还是非六十万人不可。楚国地广人多，他们要发动一百万人马也不难。我说我们要出兵六十万，还怕不大够呢。再要少那就不行了。"

秦王政赔笑说："这回听将军的啦！"于是，秦王政果真给了王翦六十万人马，出兵那天，还亲自到灞上给王翦摆酒送行。

王翦大军浩浩荡荡地向楚国进发，楚国也出动全国兵力抵抗。

王翦到了前方，要兵士修筑壁垒，不让出战。楚国大将项燕一再挑战，他也不去理睬（体现了王翦有决断的稳健与卓识）。

过了一段时间，项燕想："王翦原来是上这儿驻防的。"他就不怎么把秦国的军队放在心上了。没想到在项燕不防备的时候，秦军突然发起攻势，六十万人马排山倒海似的冲杀过来。楚国的将士好像在梦里被人家当头打了一棍子，晕头转向地抵抗了一阵，赶紧各自逃命去了。楚国的兵马越打越少，地方越失越多。秦军一直打到寿春（今安徽寿县西）终于俘虏了楚王负刍。

项燕得知楚王被俘的消息，渡过长江，想继续抵抗。王翦造了很多战船，训练了水军，渡江追击。项燕觉得大势已去，叹了口气，拔剑自杀。

王翦灭楚之后，回到咸阳，他的儿子王贲接替他做大将，再去收拾燕国。燕国本来已经十分虚弱，哪里抵挡得住秦军的进攻。公元前222年，王贲灭掉燕国，还攻占了赵国最后留下的代城。

此时，六国当中剩下的只有一个齐国了。齐国大臣早已被秦国重金收买过去。齐王田建向来是不敢得罪秦国的。每回遇到诸侯向他求救，他总是拒绝。他原以为齐国离秦国远，只要死心塌地地听秦国的话，就不用担心秦国的进攻了。到了其他五国——被秦国吞并掉，他才着急起来，派兵去守西面的边界，可是已经晚了。

公元前221年，王贲带了几十万秦兵像泰山压顶一样，从燕国南部直扑临淄（展现了秦军的磅礴气势）。这时候，齐王才觉得自己势孤力单，可是其他诸侯国已经完了，往哪儿去讨救兵呢？没有几天，秦军就进了临淄，齐王无计可施，只好投降了。

六国诸侯只想保持自己的地位，彼此之间互相攻打，想拿别国的土地来补偿自己的损失，企图维持小规模割据的局面，不料，这却给了秦国以各个击破的机会。秦国当时不但在政治、经济和军事上占了优势，更重要的是符合历史的统一趋势，所以在不到十年的时间里，把六国一个一个灭掉了。

自从公元前475年进入战国时期起，各诸侯国经过二百五十多年的纷争，终于结束了长期诸侯割据的局面，建立了一个统一的多民族的封建国家——秦王朝。

阅读鉴赏

战国末年，在七雄中日益强大的秦国在秦王政的领导下，最终消灭六国，完成了统一大业。那么，秦缘何能消灭六国呢？

秦消灭六国的胜利，首先是由于秦国在战争中战略战术运用得当。

其次，六国方面势力弱小，在战略上又不能联合，各自为战，根本不能阻挡秦国的进攻。由于六国间各怀鬼胎，各有各的打算和目的，导致他们之间矛盾重重，最终导致被各个击破的下场。

拓展阅读

易 水 歌

荆轲受燕太子丹之请入秦刺杀秦王，燕太子丹和宾客送他到易水岸边，在荆轲的好友高渐离的击筑声中，荆轲有感而发，唱了《易水歌》这首短歌。"风萧萧兮易水寒，壮士一去兮不复还。"荆轲行刺失败天下皆知，短短的两句诗也永垂千古。

第十二章

大泽乡起义

导　读

　　秦始皇统一中国后，为建造长城、阿房宫等，耗费了大量的人力物力，人民怨声载道。而秦二世即位后，老百姓纷纷起来反抗。首先揭竿而起的陈胜吴广起义得到了老百姓的积极拥护，那么这次起义的结果如何呢？

　　秦始皇为了抵抗匈奴，建造长城，发兵三十万，征集了民夫几十万；为了开发南方，动员了军民三十万。他又让七十万囚犯建造了一座巨大豪华的阿房宫。到了二世即位时，从各地征调了几十万囚犯和民夫，大规模修造秦始皇的陵墓。这座陵墓开得很大很深，把大量的铜熔化了灌下去铸地基，上面盖了石室、墓道和墓穴。二世又叫工匠在墓里挖成江河湖海的样子，并灌上了水银，然后把秦始皇葬在那里。

　　安葬完毕后，为防备将来可能有人盗墓，还叫工匠在墓穴里装了杀人的设备，最后竟残忍地把所有造墓的工匠都埋在墓道里。

　　陵墓还没完工，二世和赵高又继续建造阿房宫。那时候，全中国人口不过二千万，但前前后后被征去筑长城、守岭南、修阿房宫、造陵墓和别的劳役合起来就有二三百万人，耗费了无以计数的人力财力，百姓怨声载道（说明了秦二世的残暴，为后文老百姓怨声载道、陈胜吴广揭竿而起做了铺垫）。

公元前 209 年，阳城（今河南登封东南）的地方官派了两个军官，押着九百名民夫到渔阳（今北京市密云西南）去防守。军官从这批壮丁当中挑了两个个儿大、能干的人当屯长，叫他们管理其他的人。这两个人一个叫陈胜，阳城人，是个给人当长工的；一个叫吴广，阳夏（今河南太康县）人，是个贫苦农民。

陈胜年轻的时候，就是个有志气的人。他跟别的长工一块儿给地主种田，心里常常想，我年轻力壮，为什么这样成年累月地给别人做牛做马呢，总有一天，我也要干点大事业出来。

有一次，他跟伙伴们在田边休息，对伙伴们说："咱们当中哪个人将来富贵了，可别忘了老朋友啊！"

大伙儿听了好笑，说："你给人家卖力气种地，哪儿来的富贵？"

陈胜叹口气，自言自语地说："唉，燕雀安知鸿鹄之志（此处表现了陈胜不凡的志向）！"

陈胜和吴广本来不相识，后来当了民夫，碰在一块儿，同病相怜，很快就成了朋友。他们只怕误了日期，天天急着往北赶路。

到大泽乡（今安徽宿县东南）的时候，正赶上连天大雨，水淹了道，没法通行。他们只好扎了营，停留下来，准备天放晴后再上路。

秦朝的法令很严酷，被征发的民夫如果误了期，就要被杀头。大伙儿看看雨下个不停，急得真像热锅上的蚂蚁似的，不知道怎么办才好。

陈胜偷偷跟吴广商量："这儿离渔阳还有几千里，怎么也赶不上限期了，难道我们就白白地去送死吗？"

吴广说："那怎么行，咱们开小差逃吧。"陈胜说："开小差被抓回来是死，起来造反也是死，一样是死，不如起来造反，就是死了也比送死强。老百姓吃秦朝的苦也吃够了。听说二世是个小儿子，本来就挨不到他做皇帝；该登基的是扶苏，大家都同情他。还有，楚国的大将项燕，立过大功，大家都知道他是条好汉，现在也不知道是死了还是活着。要是咱们借着扶苏和项燕的名义，号召天下，楚地的人一定会来响应我们（陈胜的分析头头是道、鞭辟入里，反映了其卓越的政治眼光和领导才能）。"

吴广完全赞成陈胜的主张。为了让大伙儿相信他们，<u>他们利用当时人大多迷信鬼神的心理，想出了一些计策</u>（体现了陈胜、吴广善于分析，对人的心理颇有研究的特点）。他们拿了一块白绸子，用朱砂在上面写上"陈胜王"三个大字，把它塞在一条人家网起来的鱼肚子里。兵士们买了鱼回去，剖开了鱼，发现了这块绸子上面的字，十分惊奇。

到了半夜，吴广又偷偷地跑到营房附近的一座破庙里，点起篝火，先装作狐狸叫，接着喊道："大楚兴，陈胜王。"全营的兵士听了，更是又惊又害怕。

第二天，大伙儿看到陈胜，都在背后点点戳戳地议论着这些奇怪的事，加上陈胜平日待人和气，他们就更加尊敬陈胜了。

有一天，两个军官喝醉了酒。吴广故意跑去激怒军官，跟他们说，反正误了期，还是让大家散伙回去吧。那军官果然大怒，拿起军棍责打吴广，还拔出宝剑来威吓他。吴广夺过剑来顺手砍倒了一个军官。陈胜也赶上去，把另一个军官杀了。

陈胜把民夫们召集起来说："男子汉大丈夫不能白白去送死，死也要死得有个名堂。王侯将相，难道是命里注定的吗？"

大伙儿一齐高喊："对呀，我们听您的！"

陈胜叫弟兄们搭个台，做了一面大旗。旗上写了一个斗大的"楚"字。大伙对天起誓，同心协力，推翻秦朝。他们公推陈胜、吴广为首领。九百条好汉一下子就把大泽乡占领了。邻近的农民听到这个消息，都拿出粮食来慰劳他们，青年们纷纷拿着锄头铁耙到营里来投军。人多了，没有刀枪和旗子，<u>他们就砍了许多木棒做刀枪，削了竹子做旗杆</u>（从侧面反映了秦对人民的压迫之深）。就这样，陈胜、吴广建立了历史上第一支农民起义军。历史上把这件事称作<u>"揭竿而起"</u>（砍了树干当武器，举起竹竿当旗帜，进行反抗。指人民起义）。

起义军打下了陈县（今河南淮阳）。陈胜召集陈县父老商量。大家说：

"将军替天下百姓报仇，征伐暴虐的秦国。这样大的功劳，应该称王。"于是，陈胜就被拥戴称了王，国号"张楚"。

阅读鉴赏

　　本文条理清楚、脉络清晰，先写了陈胜、吴广起义的原因，然后写他们谋划起义的过程，再写起义的发生和发展，最后写了陈胜被拥立为王。文章通过一系列具有代表性的细节描写，充分展现了老百姓在重重压迫、剥削下的无可奈何，这就为陈胜、吴广的起义奠定了良好的基础。

拓展阅读

皇帝的由来

　　中国的最高统治者单称"皇"和"帝"或称"王""后"，如天皇伏羲、虞帝舜、夏后启、周武王等。公元前221年，秦王嬴政灭掉六国，平定天下。嬴政自认为这是亘古未有的功业，甚至连三皇五帝也比不上他，如果不改变"王"的称号，"无以称成功，传后世"。反复考虑后，秦王决定采用"皇帝"号，秦王政自称"始皇帝"，后世俗称"秦始皇"。

第十三章 楚汉相争

导 读

秦朝灭亡后，刘邦和项羽为了争夺天下，进行了一场激烈的、长达五年的争夺战，最终，刘邦在经历了多次失败后，终于在垓下成功，逼得项羽自杀，取得了天下。那么，刘邦是如何在逆境中取得成功的呢?

楚汉之争是秦末刘邦和项羽为争夺封建统治权而进行的一场角逐。秦朝末年，伴随着陈胜、吴广领导的农民大起义，出现了许多反秦武装集团。其中，项羽和刘邦是其中的两支主要力量（开篇释义，对楚汉之争进行了简明扼要的解释，并介绍了楚汉之争的背景，引起下文）。

项羽原是楚国的旧贵族。公元前 209 年 9 月，他跟叔父项梁响应陈胜、吴广起义，杀死会稽太守，在吴（江苏苏州）举行起义，队伍发展到八千余人。刘邦早年做过沛县亭长，在萧何、曹参等人的支持下，杀死沛令，自立为沛公，集聚了起义者三千多人。

陈胜、吴广的主力军失败后，部下召平渡江与项梁取得联系，用陈胜的名义拜项梁为楚王的"上柱国"。项梁率领八千人渡江，和陈婴、英布等人的起义军会合，到下邳时队伍发展到七万人。不久，吕臣的义军和刘邦的队伍也前来会合。项梁等人为了号召群众，共立楚怀王的孙子为楚王，仍号楚怀王。

公元前208年，义军在东阿（今山东阳谷东北）交战，打败秦军，接着转攻定陶（今山东定陶）又取得胜利。项羽和刘邦率领的另一支起义军也连破秦军于雍丘（河南杞县），项梁被胜利冲昏了头脑，放松了戒备。秦将章邯夜袭定陶，项梁战死。

章邯得胜之后，又击破魏、齐等割据势力，然后渡黄河北上击赵，大破赵军于邯郸。接着，他以重兵包围巨鹿（今河北平乡县）。楚怀王派宋义为上将军，项羽为次将，率七万人救赵。宋义到安阳（今山东曹县东）后，饮酒作乐，四十六天未进兵。项羽愤杀宋义，率义军渡河破章邯军。项羽令义军"破釜沉舟"，每人只带三天口粮，表示要决一死战。

项羽率军渡河后，先打败章邯的军队，又进攻王离的军队。双方在巨鹿大战九天。起义军英勇杀敌，每个战士无不以一当十，喊杀声惊天动地，使秦军惊恐万状，王离被俘，起义军取得重大胜利。巨鹿之战基本摧毁了秦军的主力军，扭转了整个战局。章邯走投无路，率二十万秦军投降了项羽（破釜沉舟，比喻不留退路，非打胜仗不可，下决心不顾一切地干到底。后以"破釜沉舟"表示下定决心，义无反顾）。

正当项羽北上救赵时，刘邦带领一支起义军西向击秦。由于秦兵在黄河以南较少，刘邦又采取了避实击虚的战略，迂回曲折地向咸阳进军。公元前207年8月，义军大破武关，进兵蓝田，取得节节胜利。

这时，秦朝统治集团内部矛盾尖锐化。赵高杀死秦二世后，立子婴为秦王。子婴又杀赵高。刘邦率军直扑咸阳，驻兵灞上（今西安市南）。秦子婴无可奈何，捧着玉玺，向起义军投降。公元前206年，秦王朝的统治结束了。

刘邦攻占咸阳后，想住在这里。樊哙劝他要想得天下，就不要留恋宫中的美色和财宝。刘邦接受他的意见，还军灞上。之后，刘邦废除秦的苛法，又约法三章："杀人者死，伤人及盗抵罪。"这都深得秦人拥护。

项羽听说刘邦先入关中，非常愤怒，率军攻破函谷关，杀奔咸阳而来。

公元前206年12月，项羽军队四十万驻扎新丰（今陕西临潼区东北）鸿门（今临潼区东项王营）。当时，刘邦军队只有十万，实力不及项羽。他听从张良的意见，亲自去鸿门拜会项羽。

刘邦故意向项羽请罪，卑辞言好。项羽设宴招待刘邦。项羽的谋士范增想乘机杀掉刘邦，就让项庄表演剑舞，以伺机行刺（这个情节后来演变为成语"项庄舞剑，意在沛公"。比喻说话和行动的真实意图另有所指）。项羽的叔父项伯从前和张良关系很好，这时见势不妙，也拔剑伴舞，掩护刘邦。过了一会儿，刘邦借口上厕所，从小道回到灞上。

"鸿门宴"后，项羽带兵进入咸阳，杀掉秦王子婴，烧毁秦的宫殿，自立为西楚霸王。他又封刘邦为汉王，居巴蜀汉中。项羽自以为天下无敌，从此可以长做霸主了，于是就带着从咸阳宫中掠来的财宝、妇女，回到彭城享富贵去了。项羽分封诸侯，"任人唯亲"，这一措施不但没能收拾残局，反而加剧了分裂。

不久，齐将田荣最先起兵反对项羽，自立为齐王。彭越在梁地有一万多士兵，未得分地，对项羽心生怨恨，与田荣联合。陈余对张耳被封常山王不服，联合田荣赶走张耳，做了代王。诸侯混战再次爆发。

被项羽逼处巴蜀汉中一隅的刘邦，采纳萧何的策略，在汉中招揽人才，治理巴蜀做根据地。公元前205年，项羽前去攻打田荣。刘邦趁机出兵，一个月内占领关中。接着，刘邦又向东挺进，直捣项羽的老窝彭城。楚汉战争爆发了。

公元前206年至公元前202年，刘邦和项羽苦战了五年，大战七十余次，小战四十余次。刘邦在一再失败之后，逐渐转为优势。项羽曾一度提出和刘邦"中分天下"，以鸿沟（今河南贾鲁河）为界，河东属于楚，河西属于汉（象棋盘上的"楚河汉界"由此而来）。

公元前203年底，刘邦汇合诸将，合围项羽于垓下（今安徽灵璧县东南）。项羽粮食吃光，援兵断绝。在一个寒冬的夜晚，被围在一个山头，看到战场上旌旗遍野，鼓角齐鸣（此处渲染了项羽被围在垓下时悲壮、凄凉的气氛，让人伤感）。项羽在四面楚歌中知道军心涣散，大势已去，只好匆匆丢下爱姜虞姬，连夜夺路突围。天亮以后，刘邦闻讯，立即派五千骑兵追赶。项羽渡过淮河时，只剩一百多人。汉军追上，杀得项羽只剩二十八个残兵了。项羽跑到乌江边上，见前面茫茫乌江，后面滚滚追兵，走投无路，拔剑自刎。

公元前 202 年 6 月，刘邦统一中国，建立汉朝，即皇帝位（即汉高祖）。楚汉之争是由秦末农民战争直接演变而来的，但性质却截然不同。在当时的社会条件下，农民战争虽然胜利地推翻了旧的封建王朝，但曾经是农民战争领袖的刘邦和项羽，却不得不走封建统治的老路，于是就转变为封建统治权的角逐者。在这场角逐中，项羽具有强烈的旧贵族意识，不善于用人，不能重建统一王朝。而刘邦知人善任，因势利导，终于战胜了项羽，登上了皇帝的宝座（此处采用对比的方法，分析了楚汉之争中刘邦和项羽成功与失败的原因，总结深刻，让人深思）。

阅读鉴赏

本文故事结构完整，张弛有度，条理清晰地记叙了楚汉之战的经过，多次运用对比的手法表现人物的性格等。在这场天下争夺战中，项羽英勇善战，但是有勇无谋，气量小，缺乏长远目光，最终落得自刎垓下的结局；而刘邦善用人才，心机颇重，知错就改，最终成就了一番大业。

拓展阅读

霸王别姬

虞姬是楚汉之争时期"西楚霸王"项羽的爱姬，相传容颜倾城，才艺并重，舞姿美艳，并有"虞美人"之称。她曾在四面楚歌的困境下一直陪伴在项羽身边，后人也因此根据项羽所作的《垓下歌》推断出她在楚营内自刎，由此流传了一段关于"霸王别姬"的故事。

第十四章

昭君出塞

导　读

匈奴的呼韩邪单于想要和汉朝交好，向汉元帝请求和亲，汉元帝欣然同意。美丽而又识大体的宫女王昭君主动请缨，自愿到匈奴和亲。昭君出塞以后都做了什么？她对维护两国和平有哪些贡献呢？

汉宣帝在位的时候，汉朝又强盛了一个时期。那时候，匈奴由于贵族争夺权力，势力越来越衰落，后来，匈奴发生分裂，五个单于分立，互相攻打不休（交代背景，引起下文）。

其中一个单于名叫呼韩邪，被他的哥哥郅（zhì）支单于打败了，死伤了不少人马。呼韩邪和大臣商量后，决心跟汉朝和好，亲自带着部下来朝见汉宣帝。

呼韩邪是第一个到中原来朝见的单于，汉宣帝像招待贵宾一样招待他，亲自到长安郊外去迎接他，并为他举行了盛大的宴会。

呼韩邪单于在长安住了一个多月。他要求汉宣帝帮助他回去。汉宣帝答应了，派了两个将军带领一万名骑兵护送他到了漠南。这时候，匈奴正缺少粮食，汉朝还送去三万四千斛（古时候十斗为一斛）粮食。呼韩邪单于十分感激，一心想和汉朝和好。西域各国听到匈奴和汉朝和好了，也

55

都争先恐后地同汉朝打交道。

汉宣帝死后，他的儿子刘奭（shì）即位，就是汉元帝。没几年，匈奴的郅支单于侵犯西域各国，还杀了汉朝派去的使者。汉朝派兵打到康居，打败了郅支单于，把郅支单于杀了。郅支单于一死，呼韩邪单于的地位稳定了。公元前33年，呼韩邪单于再一次到长安，要求同汉朝和亲。汉元帝同意了。

以前，汉朝和匈奴和亲，都得挑个公主或者宗室的女儿。这回，汉元帝决定挑个宫女给他，他吩咐人到后宫去传话："谁愿意到匈奴去的，皇上就把她当公主看待。"

后宫的宫女都是从民间选来的，她们一进了皇宫，就像鸟儿被关进笼里一样，都巴望有一天能把她们放出宫去。但是听说要离开本国到匈奴去，却又不乐意。

有个宫女叫王嫱（qiáng），也叫王昭君，长得十分美丽，又很有见识。为了自己的终身，她毅然报名，自愿到匈奴去和亲。

管事的大臣正在为没人应征焦急，听到王昭君肯去，就把她的名字上报汉元帝。汉元帝吩咐办事的大臣择个日子，让呼韩邪单于和王昭君在长安成亲。

呼韩邪单于得到这样一个年轻美貌的妻子，高兴和感激的心情自是不用说了。

呼韩邪单于和王昭君向汉元帝谢恩的时候，汉元帝看到昭君又美丽又大方，多少有点舍不得。他想把王昭君留下，可是已经晚了。

汉元帝回到内宫，越想越懊恼就叫人从宫女的画像中拿出昭君的像来看。模样虽有点像，但完全没有昭君本人那样可爱。

原来宫女进宫后，一般都是见不到皇帝的，而是由画工画了像，送到皇帝那里去听候挑选。有个画工名叫毛延寿，给宫女画像的时候，宫女们送点礼物给他，他就画得美一点。王昭君不愿意送礼物，所以毛延寿没把王昭君的美貌如实地画出来。汉元帝一气之下，把毛延寿杀了。

王昭君在汉朝和匈奴官员的护送下，离开了长安。她骑着马，冒着刺骨的寒风，千里迢迢地到了匈奴，做了呼韩邪单于的"宁胡阏氏"。日子一久，她慢慢地也就生活习惯了，和匈奴人相处得很好。匈奴人都很喜欢她、尊敬她（表现王昭君不惧艰险，舍小我而顾大局的精神）。

阅读鉴赏

文章按照事情发展的先后顺序来记叙，先写匈奴发生内乱，汉朝进行援助，然后写呼韩邪单于请求和亲、昭君出塞，最后写汉朝和匈奴两国在和亲的影响下，和睦相处，有六十多年没有发生过战争。

拓展阅读

"落雁"的由来

古代人们多用"沉鱼落雁"来作为美女的代称。其中的"落雁"一词即指的是王昭君。汉元帝为安抚匈奴，选昭君与单于结成姻缘，以保两国永远和好。于是昭君告别了故土，登程北去。她在坐骑之上，拨动琴弦，奏起悲壮的离别之曲。南飞的大雁听到这悦耳的琴声，看到坐在马车上的这个美丽女子，忘记了摆动翅膀，跌落到地上。从此，昭君就得了"落雁"的美称。

第十五章

光武中兴

导 读

> 昆阳大战以后，更始帝对名声越来越大的刘秀怀有了戒心。刘秀的哥哥被杀，刘秀掩藏起悲痛，并不急着报仇，而是养精蓄锐，等待时机。那么，刘秀养精蓄锐的结果是什么呢？

昆阳大战以后，刘縯和弟弟刘秀的名声越来越大。有人劝更始帝把刘縯除掉，于是更始帝借口刘縯违抗命令，把刘縯杀了（开篇交代故事起因，总领全文）。

刘秀一听到哥哥被杀，知道自己的力量敌不过更始帝，就立刻赶到宛城（今河南南阳市）向更始帝赔不是。有人问起他昆阳大战的情形，他也一点不居功，说全是将士们的功劳。他也不敢给他哥哥戴孝，照常吃饭喝酒，有说有笑，一点忧伤的心情也没有流露出来。

更始帝以为刘秀不记他的仇，反倒有点过意不去了，于是拜刘秀为破虏大将军，但是毕竟不敢重用。后来，长安被攻下来了，王莽也被杀了，更始帝到了洛阳，才拨给刘秀少数兵马，让他到河北去招抚河北郡县。

这时候，各地的豪强大族有了武器，有的自称将军，有的自称为王，也有自称皇帝的，各据一方。更始帝派刘秀到河北去，正好让刘秀得到

59

一个扩大势力的机会。刘秀废除王莽时期的一些苛刻法令，释放了一些囚犯，一面消灭了一些割据势力，一面镇压河北各路的农民起义军。整个河北差不多都被刘秀占领了。

公元25年，刘秀和他的随从官员认为时机已经成熟，在鄗（hào，今河北柏乡县北）自立为皇帝，就是汉光武帝。

更始帝先建都洛阳，后来又迁到长安。他到了长安以后，认为自己的江山已经坐定，开始腐败起来。他滥封官爵，不管政事，成天在皇宫里喝酒作乐，还纵容他手下的兵士抢劫。原来的一些绿林军将领，对他十分不满。

赤眉军的首领樊崇眼看更始帝如此腐败，就率领二十万人进攻长安。更始帝派兵抵抗，接连打了几个败仗，急得他不知怎样才好。绿林军中有些将领劝更始帝离开长安，反而遭到更始帝的猜疑、杀害；还有一些起义将领投奔了赤眉军。更始帝内部一乱，赤眉军就顺利地打进了函谷关。

赤眉军决定推翻更始帝，但是樊崇等人不能摆脱汉朝旧贵族正统观念的影响，一定要找个姓刘的做皇帝。当时赤眉军姓刘的一共有七十多个，其中有个十五岁的放牛娃刘盆子，据说跟西汉皇族的血统最近，就硬把刘盆子立为皇帝。

赤眉军打进长安，更始帝逃到城外，樊崇派使者限令更始帝在二十天内投降。更始帝没办法，只好带着玉玺向赤眉军投降。

赤眉军进了长安，声势浩大，可是几十万将士的口粮有了困难。富商和地主趁机囤积粮食，长安天天有人饿死。这样一来，长安的混乱局面就无法收拾了（为后文的败落设下伏笔）。

樊崇带着军队离开长安向西流亡，但是别的地方的粮食也一样缺乏；到了天水（郡名，在今甘肃）一带，又遭到那里的地主豪强的拦击，樊崇只好又带着大军往东边来。

汉光武帝刘秀趁着赤眉军进长安的时候，占领了洛阳。他们一听到赤眉军向东转移，就带领二十万大军分两路埋伏在那里。

汉光武帝派大将冯异到华阴，把赤眉军引向东边来。冯异用计把一队赤眉军包围在了崤山下。他下了战书，跟赤眉军约定时间和地点决战。樊崇不知道敌人的计策，派了一万多赤眉军发动进攻。冯异先派出少数兵士对敌。赤眉军看见汉兵人少，就全军出击。没想到冯异的伏兵上来了，打扮得和赤眉军一模一样，双方混战在一起，分不出谁是赤眉兵，谁是汉兵。

赤眉军正在为难的时候，打扮成赤眉军的汉兵高声叫嚷着："投降！投降！"赤眉军兵士一看有那么多人喊投降，没了主意。军心一乱，这一支赤眉军就被缴了武器。

公元 27 年 1 月，樊崇带着剩下的赤眉军向宜阳（今河南宜阳县）方向转移。冯异火速派人报告给汉光武帝。汉光武帝亲自率领预先布置好的两路人马截击，把赤眉军围困起来。到了这步田地，樊崇只好派人向汉光武帝求和（表现了光武帝卓越的军事才能）。

汉光武帝把刘盆子等人带回洛阳，分给他们田地房屋，让他们留在洛阳。但是不到几个月，就给他们加上谋反的罪名，将他们杀害了。

阅读鉴赏

本章内容材料充实，用具体的事例表现了刘秀睿智、勇敢、谦虚等性格特点，从而让读者多角度地认识刘秀。

拓展阅读

失之东隅，收之桑榆

失之东隅，收之桑榆，指在某一时候失败了，但在另外的时候得到了补偿。也可以理解为：青春年华虽然已经逝去，但珍惜桑榆似的老年岁月就不会为时太晚。这个成语出自南朝宋范晔《后汉书·冯异传》："玺书劳异曰：赤眉破平，士吏劳苦，始虽垂翅回溪，终能奋翼黾池，可谓'失之东隅，收之桑榆'。方论功赏，以答大勋。"

第
十
六
章

黄巾军起义

导　读

东汉末年，汉灵帝骄奢淫逸，昏庸透顶。老百姓不堪忍受朝廷的苛政，纷纷起来反抗，其中最著名的便是张角领导的"黄巾军"起义。那么，这次起义推翻了东汉的腐朽统治了吗？

昏庸透顶的汉灵帝信任宦官，只知道吃喝玩乐。库房里的钱不够用了，他们为了搜刮钱财，在西园开了一个荒唐透顶的铺子。有钱的人可以公开到这里来买官职，买爵位。他们在鸿都门外张贴榜文，标出了买官的价格。买个郡太守定价二千万，买个县令定价四百万；一时付不出钱的可以暂时赊欠，等上任以后加倍付款。这些花了钱买官的官吏，一上任当然更加起劲地搜刮民脂民膏。由此可见，东汉王朝的黑暗和腐败已经到了何种程度（这为后文人民起义做铺垫）。

朝廷的腐败，地主豪强的压迫，再加上接二连三的天灾，逼得老百姓难以生存下去，纷纷起来反抗。

吴郡一带的农民首先起来攻打县城，杀了官吏。会稽人许生在句章（今浙江慈溪）起兵，没有几天工夫，聚集了一万多人。汉灵帝下令叫扬州刺史和丹阳太守发兵围剿，但被起义的农民打败。许生的声势越来越大，还

62

自称"阳明皇帝"。

公元 174 年，吴郡司马招募①人马，联合州郡官兵打败了许生。吴郡的起义军虽然被镇压下去，但是更大的武装起义却正在酝酿着。

巨鹿郡有弟兄三个，老大名叫张角，老二叫张宝，老三叫张梁。三个人都非常有本事，还乐于帮助老百姓。

张角懂得医道，给穷人治病后，从来不要钱，所以穷人都拥护他。他知道农民受地主豪强的压迫和天灾的折磨，非常盼望有一个太平世界，可以让他们安安乐乐地过日子。他决定利用宗教把群众组织起来。于是，他创立了一个教门叫太平道，收了一些弟子，跟他一起传教。

相信太平道的人越来越多。张角又派他的兄弟张宝、张梁和弟子周游各地，一面给人治病，一面传道。大约花了十年工夫，太平道传遍了全国。老百姓不论是信或者不信，没有不知道太平道的。各地的教徒发展到几十万人。

当时，郡县的官吏也只认为太平道是劝人为善、给人治病的教门，谁也没有认真过问。朝廷里有一两个大臣看出危险，奏请灵帝下令禁止太平道。汉灵帝正忙着建造他的园林，也没把太平道放在心上。

张角等人把全国八个州几十万农民都组织起来，分为三十六方，大方一万多人，小方六七千人，每方都推举一个首领，由张角统一指挥。

他们秘密约定三十六方在"甲子②"年（公元 184 年）三月初五，京城和全国同时起义，口号是："苍天已死，黄天当立；岁在甲子，天下大吉。""苍天"就是指东汉王朝；"黄天"就是指太平道。他们还暗暗派人在洛阳的寺庙和各州郡的官府大门上，用白粉写上"甲子"两字，作为起义的暗号。

可是，在离起义时间还有一个多月的紧要关头，起义军内部出了叛徒，

---

① 招募：征召募集。

② 甲子：甲子为干支之一，顺序为第1个。前一位是癸亥，后一位是乙丑。

向东汉政权告了密。朝廷立刻在洛阳进行搜查。在洛阳做联络工作的马元义不幸被捕牺牲，和太平道有联系的一千多名群众也遭到杀害。

由于形势突然变化，张角当机立断，决定提前一个月起义。张角自称天公将军，称张宝为地公将军，张梁为人公将军。三十六方的起义农民，一接到张角的命令，同时起义。所有起义的农民头上都裹着黄巾，作为起义的标志，所以称作"黄巾军"。

各地起义军攻打郡县，火烧官府，打开监狱，释放囚犯，没收官家的财物，开放粮仓，惩办官吏、地主豪强。不到十天，全国都响应起来了。各地起义军从四面八方向洛阳涌来，各郡县的告急文书像雪片一样飞向京都洛阳（采用夸张的手法突出了告急文书之多，同时也反映出各郡县的形势不容乐观）。

汉灵帝慌忙召集大臣，商量镇压措施。汉灵帝拜外戚何进为大将军，同时派出大批人马，由皇甫嵩、朱儁（jùn）、卢植率领，分两路去镇压黄巾军。

但是，各地起义军好像大河决了口子一样，官府哪能抵抗得了。大将军何进不得不叫汉灵帝下了一道诏书，吩咐各州郡自己招募人马，对付黄巾军。

如此一来，各地的宗室贵族、州郡长官、地主豪强，都借着攻打黄巾军的名义，趁机抢夺地盘，扩张势力，把整个国家闹得四分五裂。

面对东汉朝廷和各地地主豪强的血腥镇压，黄巾军艰苦顽强地战斗，坚持了九个月。在紧张战斗的关键时刻，黄巾军领袖张角不幸病死。张梁、张宝带领起义军将士和敌人进行殊死搏斗，先后在战斗中牺牲。

起义军的主力虽然失败了，但是化整为零的黄巾军一直坚持战斗了二十年。东汉王朝的腐朽统治，经过这场大规模起义的致命打击，也就奄奄一息（奄奄，呼吸微弱的样子。只剩下一口气，形容临近死亡）了。

阅读鉴赏

黄巾农民起义战争的成功经验主要表现在：第一，它提出了明确的斗争目标，即消灭东汉政权，建立自己的统治，这对号召和团结人民参加起义起到了重要的作用；第二，利用宗教形式进行起义的宣传和组织工作，麻痹了官府，积蓄了力量；第三，起义计划制订得比较周密、具体。尽管后来由于叛徒的告密，使这一起义计划的实施遇到很大的困难，但经张角果断处置，它基本上还是得到了落实，从而给东汉王朝以沉重的打击。

拓展阅读

太 平 道

张角以黄天为至上神，认为黄天开天辟地，创造出人类。他又信奉黄帝和老子，认为黄帝时天下最太平，是人类最美好的时代。

由于当时社会腐败，政治黑暗，民不聊生，所以张角就顺势而起，提出了"苍天已死，黄天当立。岁在甲子，天下大吉"的口号，发动了黄巾大起义。在起义失败后，太平道也就基本上销声匿迹了。

第十七章
诸葛亮隆中对策

导 读

　　刘备雄心勃勃，志向远大，可惜身边缺少可以扶持他的、了解天下大势的才俊。在司马徽和徐庶的推荐下，刘备决定去请诸葛亮出山，为此他"三顾茅庐"。最终，刘备请到诸葛亮了吗？诸葛亮又对天下大事有哪些见解呢？

　　官渡大战以后，刘备逃到荆州，投奔刘表。刘表拨给他一些人马，让他驻扎在新野（今河南新野县）。

　　刘备在荆州住了几年，刘表一直把他当上等宾客来招待。但是刘备是一个雄心勃勃的人，因为自己的抱负没有能够实现，心里总是闷闷不乐。

　　有一次，他摸摸自己的大腿，心里有了感触，流下了眼泪。刘表发现了，就问他遇到什么不快活的事。刘备说："没什么！以前我经常打仗，每天不离开马鞍，大腿上的肉很结实。现在在这儿过着清闲的生活，大腿上的肉又长肥了。看看日子像流水般过去，人都快老了，还干不了什么大事业，想起来就感到难过。"

　　刘表安慰了他一阵。但是刘备心里总在考虑着长远的打算。为了实现自己的理想，他想找一个懂得天下形势的才俊帮助他（自然地引出下文的"三顾茅庐"和"隆中对策"）。

他打听到襄阳地方有个名士叫司马徽，就特地去拜访。司马徽很客气地接待他，问他的来意。

刘备说："不瞒先生，我是专程来向您请教天下大势的。"司马徽听了，哈哈大笑起来，说："像我这样平凡的人，懂得什么天下大势？要谈天下大势，得靠有才能的俊杰。"

刘备央求他说："往哪里去找这样的俊杰呢？"司马徽说："这一带有卧龙，还有凤雏，您能请到其中一位，就可以平定天下了（通过司马徽之口来表现诸葛亮的不凡，更加具有可信度和说服力）。"

刘备急着问卧龙、凤雏是谁，司马徽告诉他：卧龙名叫诸葛亮，字孔明；凤雏名叫庞统（三国时期刘备的重要谋士，其才智与诸葛亮齐名），字士元。

刘备向司马徽道了谢，回到新野。正好有一个读书人来见他。刘备一看他举止大方，以为他不是卧龙，就是凤雏，热情地接待了他。经过一番谈话，才知道这个人名叫徐庶，也是当地一位名士，因为听到刘备正在招请人才，特地来投奔他。刘备很高兴，就把徐庶留下当谋士。

徐庶说："我有个老朋友诸葛孔明，人们称他卧龙，将军是不是愿意见见他呢？"

刘备从徐庶那里知道了诸葛亮的情况。原来诸葛亮不是本地人，他的老家在琅琊郡阳都县（今山东沂水县南）。他少年的时候，父亲死了，他叔父诸葛玄跟刘表是朋友，就带着他到荆州来。不久，他叔父也死了，他就在隆中（今湖北襄阳西）定居下来，搭个茅屋，一面耕地种庄稼，一面读书。那时，他只有二十七岁，但是学问渊博，见识丰富，朋友们都很钦佩他，他也常常把自己比作古时候的管仲、乐毅。但是他看到天下乱纷纷，当地的刘表也不是善用人才的人，所以他宁愿隐居在隆中，过着恬淡的生活。

刘备听了徐庶的介绍，说："既然您跟他这样熟悉，就请您辛苦一趟，把他请来吧！"

徐庶摇摇头说："这可不行。像这样的人，一定得将军亲自去请他，才能表示您的诚意。"

刘备先后听到司马徽、徐庶这样推崇诸葛亮，知道诸葛亮一定是个了不起的人才，就带着关羽、张飞，一起到隆中去找诸葛亮。

诸葛亮得知刘备要来拜访他，故意躲开。刘备到了那里，扑了个空。

跟刘备一起去的关羽、张飞都感到不耐烦。但是刘备却记住徐庶的话，耐着性子去请，一次见不到，第二次再去；两次不见，第三次又去请他（体现了刘备求贤若渴的心态和贤德、谦虚的品行）。

诸葛亮终于被刘备的诚意感动了，就在自己的草屋里接待了刘备。

刘备把关羽、张飞留在外面，自己跟着诸葛亮进了屋子。趁屋里没有人的时候，刘备坦率地说："如今汉室衰落，大权落在奸臣手里。我知道自己能力差，却很想挽回这个局面，只是想不出好办法，所以特地来请先生指点。"

诸葛亮看到刘备这样虚心请教，也就推心置腹地跟刘备谈了自己的主张。他说："现在曹操已经战胜袁绍，拥有百万兵力，而且他又挟持天子发号施令。这就不能光凭武力和他争胜负了。孙权占据江东一带，已经三代。江东地势险要，现在百姓归附他，还有一批有才能的人为他效力。看来，也只能和他联合，不能打他的主意。"

接着，诸葛亮分析了荆州和益州（今四川、云南和陕西、甘肃、湖北、贵州的一部）的形势，认为荆州是一个军事要地，可是刘表是守不住这块地方的。益州土地肥沃广阔，向来被称为"天府之国"，可是那里的主人刘璋是个懦弱无能的人，大家都对他不满意。

最后，他说："将军是皇室的后代，天下闻名，如果您能占领荆、益两州，对外联合孙权，对内整顿内政，一旦有机会，就可以从荆州、益州两路进军，攻击曹操。到那时，有谁不欢迎将军呢？能够这样，功业就可以成就，汉室也可以恢复了（表现了诸葛亮卓越的才能）。"

刘备听着听着，不禁打心里钦佩眼前这个年轻人，说："先生的话真是让我茅塞顿开。我一定照您的意见行事，现在就请您和我一起下山吧。"

诸葛亮看到刘备这样热情诚恳，也就高高兴兴跟着刘备到新野去了。后来，人们把这件事称作"三顾茅庐"，把诸葛亮的这番谈话称作"隆中对"。

从那以后，刘备把诸葛亮当老师对待，诸葛亮也把刘备当作自己的主人。两人越来越亲密（刘备如此礼遇诸葛亮，为下文关羽和张飞的不满做铺垫）。

关羽和张飞看在眼里，心里很不高兴，背后直嘀咕。他们认为诸葛亮年纪轻轻，未必有多大本事，怪刘备把他看得太高了。

刘备向他们解释说："我有了孔明先生，简直是如鱼得水（是说好像鱼得到水一样。比喻得到跟自己十分投合的人或对自己很合适的环境）。以后可不许你们乱发议论。"关羽、张飞听了刘备的话，才没有话说。

阅读鉴赏

刘备三顾茅庐，终于请得诸葛亮出山，这突出了刘备的贤明和谦虚，同时也是他能请得诸葛亮出山的前提。本文对刘备三顾茅庐的经过只是一带而过，重点描写了诸葛亮的隆中对策。诸葛亮对天下大事的分析鞭辟入里，精准深远，突出了诸葛亮卓越的才能。本文语言生动形象，符合人物身份，人物形象鲜明突出。

拓展阅读

煮酒论英雄

一日，曹操宴请刘备。席间，曹操说："现今天下的英雄，只有使君和我两人而已！"刘备听到这句话，手里拿的筷子和勺子都不禁掉在地上。这时正好雷声大作。刘备从容地低头拿起筷子和勺子说："因为打雷被吓到了，才会这样。"将听到刚才的话才掉了筷子和勺子的缘故借打雷掩饰了过去，曹操才没有怀疑刘备。

第十八章 赤壁之战

导 读

曹操平定北方以后，率大军南下，欲占领荆州。孙权和刘备联手共同抵抗曹操，于是孙刘联军和曹军展开了赤壁之战。赤壁之战是历史上著名的以少胜多的战役，那么，兵力缺少的孙刘联军是凭借什么打败兵马众多的曹操的呢？

曹操平定北方以后，公元208年，率领大军南下，进攻刘表。他的人马还没有到荆州，刘表已经病死。他的儿子刘琮听闻曹军声势浩大，非常害怕，先派人求降了（侧面描写曹操的实力）。

这时候，刘备在樊城（今湖北襄阳市）驻守。他听到曹军南下，决定把人马撤退到江陵（今湖北江陵）。荆州的百姓听说刘备善待百姓，都愿意跟着他一块儿撤退。

曹操赶到襄阳，听说刘备向江陵撤退，又打听到刘表在江陵囤积了大批军粮，怕被刘备占去，于是亲自率领五千轻骑兵追赶刘备。刘备的人马带了兵器、装备，还有十几万百姓跟着他，每天只能行军十几里。曹操的骑兵一天一夜就赶了三百多里，很快就在当阳长坂坡（今湖北当阳市东北）追上了刘备。

刘备的人马被曹操的骑兵冲杀得七零八乱。亏得张飞在长坂坡抵挡了一阵，刘备、诸葛亮才带着少数人马摆脱追兵。但是往江陵的路已经被曹军截断，刘备只好改道退到夏口（今湖北武汉市）。

曹操占领了江陵，继续沿江向东进军，很快就要到夏口了。诸葛亮对刘备说："形势紧急，我们只有向孙权求救这一条路了。"

正好孙权怕荆州被曹操占领，派鲁肃来找刘备，劝说他和自己联合抵抗曹军。诸葛亮就跟鲁肃一起到柴桑（今江西九江西南）去见孙权。

诸葛亮见了孙权，说："现在曹操攻下了荆州，马上就要进攻东吴了。将军如果决心抵抗，就趁早同曹操断绝关系，跟我们一起抵抗；要不然，就干脆向他们投降，如果再犹豫不决，祸到临头就来不及了。"

孙权反问说："那么，刘将军为什么不投降曹操呢？"

诸葛亮严肃地说："刘将军是皇室后代，才能盖世，怎么肯低三下四地去投降曹操呢？"

孙权听诸葛亮这么一说，也激动地说："我也不能把江东土地和数万人马白白地送人。不过刘将军刚打了败仗，怎么还能抵抗曹军呢？"

诸葛亮说："您放心吧，刘将军虽然败了一阵，但是还有水军二万。曹操兵马虽然多，远道追来，兵士也已经筋疲力尽。再说，北方人不习惯水战，只要我们协力同心，一定能够打败曹军。"

分析准确，知己知彼才能使战争获胜。

孙权听了诸葛亮的一番分析，心里非常高兴，就立刻召集部下将领，讨论抵抗曹操的办法。

正在这时候，曹操派兵士下战书来了。信上说："我奉大汉皇帝的命令，领兵南征。现在我准备了水军八十万，愿意和将军较量一番。"孙权把这封信递给部下看，大伙儿看了都变了脸色，说不出话来。

张昭是东吴官员中资格最老的。他说："曹操用天子的名义来征讨，我们要是抵抗他，道理上就输了一招。再说，我们本来想靠长江天险，现在也靠不住了。曹军占领了荆州，又有上千艘战船，他们水陆两路一起进攻，我们是抵挡不了的，我看只好投降。"

张昭这么一说，马上有不少人附和。只有鲁肃在旁边冷眼旁观，一声不吭。孙权听着听着，觉得不是滋味，就走出屋子，鲁肃也跟着出来。

孙权拉着鲁肃的手，说："你说说，该怎么办呢？"

鲁肃说："刚才张昭他们说的话全听不得。要说投降，我鲁肃可以投降，但将军不可以。因为我投降了，大不了回老家去，照样跟名士们交往，有机会还可以当个州郡官员。将军如果投降，那么江东六郡就要全都落在曹操手里，您上哪儿去？"

孙权叹了口气说："刚刚大家说的，真叫我失望。只有你说的才合我的心意。"

散会以后，鲁肃劝孙权赶快把正在鄱阳的大将周瑜召回来商量。

周瑜一到柴桑，孙权又召集文武官员讨论。周瑜在会上慷慨激昂地说："曹操名为汉朝丞相，其实是汉室奸贼。这次他自己来送死，哪有投降他的道理？"他给大家分析了曹操的许多不利条件，认为北方兵士不会水战，而且大老远赶到这陌生的地方，水土不服，一定会生病。兵马再多，也没有用。

<u>孙权听了周瑜的话，胆子也大了起来。他激动地站起来拔出宝剑，"豁"的一声，把案几砍去一角，严厉地说："谁要再提投降曹操，就跟这案桌一样</u>（动作、语言描写，表现出孙权坚决的意志）。"

当天晚上，周瑜又单独去找孙权，说："我已经打听清楚，曹操兵马号称八十万，这是虚张声势，其实只不过二十几万，其中还有不少是荆州兵士，不一定是真心替他打仗。您只要给我五万精兵，我保管把他打败。"

第二天，孙权任命周瑜为都督，拨给他三万水军，叫他同刘备协力抵抗曹操。

周瑜领兵进军，在赤壁（今武汉市江夏区西赤矶山）和曹军前哨碰上了。果然不出周瑜所料，曹军兵士很多人不服水土，已经得了疫病。双方一交锋，曹军就打了败仗，被迫撤退到长江的北岸。周瑜率领水军进驻南岸，和曹军隔江遥遥相对。

正像周瑜预料的那样，曹操的北方来的兵士不会水战，他们在战船上，遇到风浪颠簸就受不了。后来，他们把战船用铁索拴在一起，船果然平稳不少。

　　周瑜的部将黄盖看到这个情况，向周瑜献了一个计策，说："敌人兵多，我们兵少，拖下去对我们不利。现在曹军把战船都连接在一起，我看可以用火攻的办法来打败他们。"

　　周瑜觉得黄盖的主意甚好，两人还商量好，让黄盖派人送了一封信给曹操，表示要脱离东吴，投降曹操。曹操以为东吴将领害怕他，对黄盖的假投降，一点也没怀疑。

　　黄盖叫兵士偷偷地准备好十艘大船，每艘船上都装着枯枝，浇足了油，外面裹着布幕，插着旗帜，另外又准备了一批轻快的小船，拴在大船船尾上准备在大船起火时转移。

　　隆冬的十一月，天气突然回暖，刮起了东南风。当天晚上，黄盖带领一批兵士分乘十条大船，驶在前面，后面跟随着一批船只。船队到了江心，扯满了风帆，像箭一样驶向江北。

　　曹军水寨的将士听说东吴的大将来投降，正纷纷挤到船头看热闹。没想到东吴船队离开北岸约二里光景，前面十条大船突然同时起火。火借风势，风助火威，十条火船，好比十条火龙一样，以迅雷不及掩耳之势闯进曹军水寨。那里的船舰，都挤在一起，又躲不开，很快都燃烧起来。一眨眼工夫，已经烧成一片火海。水寨烧了不算，岸上的营寨也着了火，曹军一大批兵士被烧死了；还有不少人被挤到江里，不会泅水，淹死了。

　　周瑜一看北岸起火，马上带领精兵渡江进攻。他们把战鼓擂得震天响。北岸的曹军不知道后面有多少人马进攻，吓得全部崩溃。

　　曹操拖着残兵败将向华容（今武汉市江夏区西南）的小路上逃跑。那条小路全是水洼泥坑，骑兵没法通过。曹操赶忙命令老弱兵士找了一些稻草铺路。他带着骑兵好不容易才通过，可是那些填铺稻草的兵士，却被人马踩死了不少。

刘备和周瑜一起，分水陆两路紧紧追赶曹操，一直追到南郡（治所在今湖北江陵），曹操的几十万大军战死的战死、病死的病死，损失了一大半。曹操只好派部将曹仁、徐晃、乐进分别留守江陵和襄阳，自己带残兵回北方去了。

经过这场赤壁大战，基本上形成了魏蜀吴三国鼎立的局面。

阅读鉴赏

本文情节紧凑、详略得当，非常详细地讲述了赤壁之战的发生原因、发展过程及结果。值得注意的是，本文运用了大量的语言描写来表现人物的性格，口语化的语言非常生动。

拓展阅读

二　乔

二乔为东汉末年乔公的两个女儿，国色天香，又聪慧过人，远近闻名。其中，大乔嫁与孙策，小乔嫁与周瑜。

从二乔方面来说，一对姐妹花，同时嫁给两个天下英杰，一个是雄略过人、威震江东的孙郎，一个是风流倜傥、文武双全的周郎，堪称美满姻缘了。

第十九章
晋朝的建立

导　读

　　魏国司马家族权倾朝野，独断专权，专横无比，玩弄皇帝于股掌之间。他们废曹芳，杀曹髦，立曹奂，完全不把皇帝放在眼里。专横的司马家族对已有的权势满足了吗？他们还有更大的野心吗？

　　司马懿杀了曹爽，掌握了魏国大权。过了两年，他也死了。他的儿子司马师接替了他的职位，于是，魏国大权落在司马师和司马昭兄弟两人手里。大臣中谁反对他们，司马师就把他除掉。魏帝曹芳恨透了司马师。有人曾经劝曹芳撤掉司马氏兄弟的兵权，但没有等曹芳动手，司马师已经逼着皇太后把曹芳废了，另立魏文帝曹丕的一个孙子曹髦（曹芳的懦弱与司马氏的果断形成鲜明的对比）。

　　后来司马师得病死了。司马昭做了大将军。司马氏父子三人，一个比一个厉害，一个比一个专横。魏帝曹髦实在是忍无可忍了。有一天，他把尚书王经等三个大臣召进宫里，气愤地说："司马昭的野心，过路人都知道了（文言是'司马昭之心，路人皆知'），我不能坐等着他来收拾我。今天，我要同你们一起去讨伐他。"

　　大臣们知道要跟司马昭作对，简直是鸡蛋碰石头，就劝他忍耐，不要闹出大祸来。可是曹髦从怀里掏出一道预先写好的诏书，扔在地上，说："我已经下了决心，就是拼个死也不怕，再说谁死还不一定呢。"说着，他进内宫去禀报太后。

哪里知道这三个大臣当中，倒有两个人偷偷溜出去向司马昭通风报信去了。

刚刚二十岁的曹髦根本不懂得怎样治司马昭。他集合了宫内的禁卫军和侍从太监，吵吵嚷嚷地从宫里杀了出来。曹髦自己拿了一把宝剑，站在车上指挥。

司马昭的心腹贾充，带了一队兵士赶来，挡住了禁卫军的去路。双方打了起来。曹髦上前大喝一声，挥剑杀了过去。贾充的手下兵士一见皇帝自己动手，毕竟有点胆怯，有的准备逃了。

贾充手下有个叫成济的，跟贾充说："您看怎么办？"贾充厉声说："司马公平时养着你们是干什么的！还用问吗？"贾充这一说，成济才胆大了，<u>拿起长矛就往曹髦身上直刺过去。曹髦来不及招架，被成济刺穿了胸膛，跌下车来死了</u>（体现出曹髦的不堪一击）。

消息传到司马昭那里。司马昭听说他手下人真的杀了皇帝，也有点惊慌，连忙赶到朝堂上，召集大臣们商量。司马昭假惺惺装出悲伤的样子，跟一位老臣陈泰说："您说，叫我怎么办呢？"

陈泰说："只有斩了贾充的头，才能向天下人交代。"

司马昭很为难地说："还有没有其他办法，您再想想。"陈泰说："依我说，只有比这更重的办法，没有再轻的了。"

司马昭一听不是滋味，就不吱声了。

后来，司马昭用太后的名义下了一道诏书，给曹髦加上许多罪状，把他废作平民，把曹髦被杀的事悄悄地掩盖过去。

但是，大伙儿还是议论纷纷，怪司马昭不办凶手的罪，司马昭没法遮掩下去了，就把杀害皇帝的罪责一股脑儿推给成济，给成济定了一个大逆不道的罪，满门抄斩。

司马昭除掉了曹髦，另外从曹操的后代中找了刚满十五岁的曹奂接替皇位，这就是魏元帝。

公元 265 年，曹魏权臣晋王司马炎逼魏元帝曹奂禅位，司马炎受禅即位，称为晋武帝，定都洛阳，晋朝建立，史称西晋。280 年，晋武帝派王浚、杜预渡江灭掉了孙吴，统一了全国。

阅读鉴赏

本文选材精要，采用具体的事例体现司马氏的专横跋扈。如成济作为一名小小的兵士，竟然敢杀死魏帝曹髦，这分明是司马昭平时纵容的结果。而属下杀害皇上一事，司马昭竟然明目张胆地包庇纵容，想悄悄地遮掩过去，这足见其嚣张的程度。

拓展阅读

神机妙算救后代

司马昭执掌魏国大权，他得知朝廷中的一员将军是诸葛亮的后代，便想治治他。司马昭问："你祖父临死前说了些什么？"这个将军就取出诸葛亮留下的锦囊。只见锦囊里面有封信，上面写着"遇皇而开"。司马昭打开信，只见里面写道："后返三步。"司马昭立即站起身退后三步。只听"咔嚓"一声响，一根柱子掉下来，正砸在司马昭原先站立的地方。反过来再看信后面写道："我救你一命，请你留我后代一命。"司马昭暗暗佩服诸葛亮的神机妙算。后来，他把那个将军官复原职。

第二十章

淝水之战

导 读

前秦皇帝苻坚率九十万大军南下，欲统一南北，不料却在淝水之战中惨败给了东晋王朝。那么，在双方兵力相差悬殊的情况下，苻坚失败的原因是什么呢？

西晋末年的腐败政治，引发了社会大动乱，中国历史进入了分裂割据的南北朝时期。在南方，晋琅琊王司马睿于公元 317 年在建康（今江苏南京）称帝，建立东晋，占据了汉水、淮河以南大部分地区。在北方，各少数民族政权纷争迭起。由氐族人建立的前秦国先后灭掉前燕、代、前梁等割据政权，统一了黄河流域。以后又于公元 373 年攻占了东晋的梁（今陕西汉中）、益（今四川成都）二州，将势力扩展到长江和汉水上游。前秦天王苻坚因此踌躇满志，欲以"疾风之扫秋叶"之势，一举荡平偏安江南的东晋，统一南北（叙述了故事发生的背景，为下文故事的发展做铺垫）。

公元 383 年 8 月，苻坚亲率步兵六十万、骑兵二十七万、羽林郎（禁卫军）三万，共九十万大军从长安南下，同时，苻坚又命梓潼太守裴元略率水师七万从巴蜀顺流东下，向建康进军。近百万行军队伍"前后千里，旗鼓相望。东西万里，水陆齐进"。苻坚骄狂地宣称："以吾之众旅，投鞭于江，足断其流（这就是著名典故"投鞭断流"的来历。比喻人马众多，兵力强大）。"

东晋王朝在强敌压境、面临生死存亡的危急关头，以丞相谢安为首的主战派决意奋起抵御。经谢安举荐，晋帝任命谢安之弟谢石为征讨大都督，谢安之侄谢玄为先锋，率领经过七年训练、有较强战斗力的"北府兵"八万沿淮河西上，迎击秦军主力；派胡彬率领水军五千增援战略要地寿阳（今安徽寿县）；又任命桓冲为江州刺史，率十万晋军控制长江中游，阻止秦巴蜀军顺江东下。

10月18日，苻坚之弟苻融率秦前锋部队攻占了寿阳，俘虏晋军守将徐元喜。与此同时，秦军慕容垂部攻占了郧城（今湖北郧县）。奉命率水军驰援寿阳的胡彬在半路上得知寿阳已被苻融攻破，便退守硖石（今安徽凤台西南），等待与谢石、谢玄的大军会合。苻融又率军攻打硖石。苻融部将梁成率兵五万进攻洛涧（在今安徽淮南东），截断淮河交通，阻断了胡彬的退路。胡彬困守硖石，粮草用尽，难以支撑，写信向谢石告急，但送信的晋兵被秦兵捉住，此信落在苻融手里。苻融立刻向苻坚报告了晋军兵少，粮草缺乏的情况，建议迅速起兵，以防晋军逃遁。苻坚得报，把大军留在项城，亲率八千骑兵疾趋寿阳。

苻坚一到寿阳，立即派原东晋襄阳守将朱序到晋军大营去劝降。朱序到晋营后，不但没有劝降，反而向谢石提供了秦军的情况。他说："秦军虽有百万之众，但还在进军中，如果把兵力集中起来，晋军将难以抵御。现在情况不同，应趁秦军没能全部抵达的时机，迅速发动进攻，只要能击败其前锋部队，挫其锐气，就能击破秦百万大军。"谢石起初认为秦军兵力强大，打算坚守不战，待敌疲惫再伺机反攻。听了朱序的话后，认为很有道理，便改变了作战方针，决定转守为攻，主动出击。

11月，谢玄派遣勇将刘牢之率精兵五千奔袭洛涧，揭开了淝水大战的序幕。秦将梁成率部五万在洛涧边上列阵迎击。刘牢之分兵一部迂回到秦军阵后，断其归路；自己率兵强渡洛水，猛攻秦阵。秦军惊慌失措，勉强抵挡一阵，就土崩瓦解了，主将梁成和其弟梁云战死，官兵争先恐后渡过淮河逃命，一万五千余人丧生。洛涧大捷，极大地鼓舞了晋军的士气（两者形成了鲜明的对比）。

　　谢石率军水陆并进，直抵淝水（今淝河，在安徽寿县南）东岸，在八公山边扎下大营，与寿阳的秦军隔岸对峙。苻坚站在寿阳城楼上，一眼望去，只见对岸晋军布阵整齐，将士精锐。连八公山上的草木，他也感到类似人形，误认为是晋兵，颇为惊慌，对苻融说："此亦劲敌，何谓弱也（这就是著名的典故"草木皆兵"的来历。形容人在惊慌时疑神疑鬼）？"

　　由于秦军紧逼淝水西岸布阵，晋军无法渡河，只能隔岸对峙。谢玄就派使者去见苻融，用激将法对他说："君悬军深入，而置阵逼水，此乃持久之计，非欲速战者也。若移阵少却，使晋兵得渡，以决胜负，不亦善乎？"秦军诸将都表示反对，但苻坚认为可以将计就计，让军队稍向后退，待晋军半渡过河时，再以骑兵冲杀，这样就可以取得胜利。苻融对苻坚的计划也表示赞同，于是就答应了谢玄的要求，指挥秦军后撤。但秦兵士气低落，结果一后撤就失去了控制，阵势大乱。谢玄率领八千

多骑兵，趁势抢渡淝水，向秦军猛攻。朱序则在秦军阵后大叫："秦兵败矣！秦兵败矣！"秦兵信以为真，于是转身竞相奔逃。苻融眼见大事不妙，急忙骑马前去阻止，以图稳住阵脚，不料其战马被乱兵冲倒，他也被晋军追兵杀死。失去主将的秦兵越发混乱，彻底崩溃。前锋的溃败，引起后续部队的惊恐，也随之溃逃，形成连锁反应，结果全军溃逃，向北败退。秦军溃兵沿途不敢停留，听到风声鹤唳（唳，lì，鹤鸣声。把风的响声、鹤的叫声，都当作敌人的叫阵声，疑心是追兵来了。形容惊慌失措，或自相惊扰），都以为是晋军追来。晋军乘胜追击，一直到达寿阳附近的青冈。大批秦兵人马相踏而死，苻坚本人也中箭负伤，单枪匹马逃回洛阳。

晋军收复寿阳，谢石和谢玄派飞马往建康报捷，当时谢安正跟客人在家下棋。他看完了谢石送来的捷报，不露声色，随手把捷报放在旁边，照样下棋。客人知道是前方送来的战报，忍不住问谢安："战况怎样？"谢安慢吞吞地说："孩子们到底把秦人打败了。"客人听了，高兴得不想再下棋，想赶快把这个好消息告诉别人，就告辞走了。谢安送走客人，转回到内宅去，他的兴奋心情再也按捺不住，跨过门槛的时候，跟跟跄跄的，把脚上的木屐的齿也碰断了（这是典故"折屐齿"的来历。极为生动地表现了谢安在得知晋军打胜仗后的激动心情）。

淝水之战中，前秦军被歼和逃散的共有七十多万，唯有鲜卑慕容垂部的三万人马尚完整无损。苻坚统一南北的希望彻底破灭，不仅如此，北方暂时统一的局面也随之解体，再次分裂成更多的地方民族政权，鲜卑族的慕容垂和羌族的姚苌等贵族重新崛起，各自建立了新的国家，苻坚本人也在两年后被姚苌俘虏杀掉，前秦随之灭亡。此战的胜利者东晋王朝虽无力恢复全中国的统治权，但却有效地遏制了北方少数民族的南下侵扰，为江南地区社会经济的恢复和发展创造了条件。

阅读鉴赏

　　这是历史上著名的以弱胜强的战役之一，其中的胜败原因值得我们总结深思。符坚惨败淝水，主要原因有：骄傲自大，主观武断，一意孤行；内部不稳，意见不一，降将思乱，人心浮动；战线太长，分散兵力，舍长就短，缺乏协同；初战受挫，军心顿失；对朱序等人的间谍活动没有察觉，让对手掌握己方情况，使己陷入被动地位。

　　东晋军队的胜利，主要的因素归结起来，就是：临危不乱，从容应敌；君臣和睦，主将有能，指挥若定；得敌情之实，知彼知己；士卒精干，以一当十；了解天时地利，发挥己军之长；初战破敌，挫其兵锋，励己士气；以智激敌，诱其自乱，然后乘隙掩杀；坚决实施战略追击，扩大战果。

拓展阅读

谢　安

　　谢安（320年—385年），字安石，陈郡阳夏（今河南太康）人，东晋政治家，军事家。少以清谈知名，最初屡辞辟命，隐居会稽郡山阴县之东山，与王羲之、孙绰等游山玩水，并教育谢家子弟。此后多次拒绝朝廷辟命。后谢氏家族于朝中之人尽数逝去，才东山再起。在淝水之战中作为东晋一方的总指挥，以八万兵力打败了号称百万的前秦军队，为东晋赢得几十年的安定和平，战后因功名太盛而被孝武帝猜忌，被迫前往广陵避祸。385年逝世，被追赠太傅、庐陵郡公，谥号文靖。

　　谢安多才多艺，善行书，通音乐。性情娴雅温和，处事公允明断，不专权树私，不居功自傲，有宰相气度。他治国以儒、道互补；作为高门士族，能顾全大局，以谢氏家族利益服从于晋皇室利益。谢安被赞为"中国历史上有雅量有胆识的大政治家"。

导　读

南陈王朝后主是一位极其荒唐的皇帝。他荒淫无度，不理朝政，终日饮酒作乐。即便是告急文书送到建康时，他也是一扔了事。他的荒唐行为最终引发了什么样的恶果呢？

陈武帝建立南陈王朝的时候，北方的东魏、西魏已经分别被北齐、北周代替。公元 550 年，东魏高欢的儿子高洋建立了北齐。公元 557 年，西魏宇文泰的儿子宇文觉建立了北周。北齐和北周互相攻战，到北周武帝时，灭掉了北齐，统一了北方。

北周武帝是个比较有作为的皇帝，但是继承他的周宣帝却是一个荒淫暴虐的人。周宣帝死去后，他的岳父杨坚夺取了政权。公元 581 年，杨坚即位，建立隋朝，他就是隋文帝。

在北方政治上动乱的时候，南陈王朝获得了一个暂时的安定局面，经济渐渐恢复起来。但是传到第五个皇帝，却是一个荒唐得出奇的陈后主（开门见山，直奔主题，点出陈后主的荒唐，引起下文）。

陈后主名叫陈叔宝，是个完全不懂国事、只知道喝酒享乐的人。他大兴土木，造起了三座豪华的楼阁，让他的宠妃们住在里面。他手下的宰相江总、尚书孔范等，都是一伙腐朽的文人。陈后主和宠妃经常在宫里举行酒宴，宴会的时候，让他们一起参加。大家通宵达旦地喝酒赋诗，你唱他和，还把他们的诗配上曲子，挑选了一千多个宫女，为他们演唱。

陈后主这样穷奢极欲，他对百姓的搜刮当然非常残酷。百姓被逼得无法生活下去，流离失所，到处可见横陈的尸体。有个大臣傅缚（zǎi）上奏章说："现在已经到了天怒人怨、众叛亲离的田地了。这样下去，恐怕王朝就要完了。"

陈后主一看奏章就火了，派人对傅缚说："你能改过认错吗？如果愿意改过，我就宽恕你。"

傅缚说："我的心同我的面貌一样。如果我的面貌可以改，我的心才可以改。"

于是，陈后主就把傅缚杀了（陈后主不听劝诫，一意孤行，杀害忠臣，表现了其昏庸荒唐的特点）。

陈后主过了五年的荒唐生活。这时候，北方的隋朝渐渐强大起来，决心灭掉南方的陈朝。隋文帝听从谋士的计策，每逢江南将要收割庄稼的季节，就在两国边界上集结人马，扬言要进攻陈朝，使得南陈的百姓没法收割。等南陈把人马集中起来，准备抵抗隋兵时，隋兵又不进攻了。这样一连几年，南陈的农业生产受了很大影响，守军的士气也松懈下来。隋兵还经常派出小股人马袭击陈军粮仓，放火烧粮食，使陈朝遭受到很大损失。

公元588年，隋文帝让人造了大批战船，派他的儿子晋王杨广、丞相杨素担任元帅，贺若弼、韩擒虎为大将，率领五十一万大军，分兵八路，准备渡江进攻陈朝。

隋文帝亲自下了讨伐陈朝的诏书，宣布了陈后主二十条罪状，还把诏书抄写了三十万张，派人带到江南各地去散发。陈朝的百姓本来恨透了陈后主，看到隋文帝的诏书，人心更加动摇起来。

杨素率领的水军从永安出发，乘几千艘黄龙大船沿着长江东下，满江都是旌旗，战士的盔甲在阳光下闪闪发光。南陈的江防守兵看了，都吓得呆了，哪里还有抵抗的勇气。

其他几路隋军也都顺利地开到江边。北路的贺若弼的人马到了京口，韩擒虎的人马到了姑孰（今安徽当涂县）。江边陈军守将告急的警报接连不断地送到建康。

当时，陈后主正跟宠妃、文人们醉得七颠八倒，收到警报，连拆都没有拆，就往床下一丢了事（足见陈后主昏庸的程度，为他后来亡国埋下伏笔）。

后来，警报越来越紧了。有的大臣一再请求商议抵抗隋兵的事，陈后主才召集大臣商议。

陈后主说："东南是个福地，从前北齐来攻过三次，北周也来了两次，都失败了。这次隋兵来，还不是一样来送死，没有什么可怕的。"

他的宠臣孔范也附和着说："陛下说得对。我们有长江天险，隋兵又没长翅膀，难道能飞得过来！这一定是守江的官员想贪功，故意造出这个假情报来。"

大家你一言，我一语，根本不把隋兵进攻当作一回事，笑话了一阵，又照样叫歌女奏乐，喝起酒来。

公元 589 年正月，贺若弼的人马从广陵渡江，攻克京口；擒虎的人马从横江渡江到采石，两路隋军逼近建康。

到了这个火烧眉毛的时候，陈后主才有些惊醒过来。城里的陈军还有十几万人，但是陈后主手下的宠臣江总、孔范一伙都不懂得怎么指挥。陈后主急得哭哭啼啼，手足无措。隋军顺利地攻进建康城，陈军将士被俘的被俘，投降的投降。

（两个词写出了陈后主慌乱、无计可施的状态。荒唐可笑的君主形象如在眼前。）

隋军打进皇宫，到处找不到陈后主。后来，捉住了几个太监，才知道陈后主逃到后殿投井了。

隋军兵士找到后殿，果然有一口井。往下一望，是个枯井，隐约看到井里有人，就高声呼喊。井里没人答应。兵士们威吓着叫喊说："再不回答，我们要扔石头了。"说着，真的拿起一块大石头放在井口，装出要扔的样子。井里的陈后主吓得尖叫了起来。兵士把绳索丢到井里，才把陈后主和两个宠妃拉了上来。

南朝的最后一个朝代陈朝灭亡了。中国自从公元317年西晋灭亡起，经过二百七十多年的分裂局面，重新获得了统一。

阅读鉴赏

文章选材精要，通过一些典型事件和细节描写令人物形象跃然纸上。尤其是通过对陈后主荒唐行径的描写，刻画了一个活生生的昏庸无能、荒淫无耻的君主形象，预示了其亡国的必然性。

拓展阅读

诗文皇帝

陈叔宝喜爱诗文，因此在他周围聚集了一批文人骚客。他们这些朝廷命官，不理政治，天天与陈叔宝一起饮酒作诗听曲。陈叔宝还将十几个才色兼备、通翰墨会诗歌的宫女命为"女学士"；才有余而色不及的，命为"女校书"，供笔墨之职。每次宴会，妃嫔群集，诸妃嫔及女学士、狎客杂坐联吟，互相赠答，飞觞醉月，大多是靡靡的曼词艳语。

导　读

隋文帝统一全国后，励精图治，整顿改革，社会经济一片繁荣。同时，隋文帝还派人修订了刑律，但是自己却经常不按照刑律办事。为此，大理正赵绰每次都据理力争。隋文帝会听从赵绰的意见吗？他们之间会起怎样的争执呢？

隋文帝统一全国以后，采取了各种巩固统治的措施，像改革官制兵制，建立科举制度，选用办事能干的官员，严办贪官污吏等。经过他的一番整顿改革，政局稳定了，社会经济出现了一片繁荣的景象。

隋文帝还派人修订刑律，废除了一些残酷的刑罚。这本来是件好事，但是隋文帝本人却经常不按照这个刑律办事，往往一时气愤，不顾刑律规定，便随意下令杀人。这种情形让大理寺（管理司法的官署）的官员很为难。大理寺少卿赵绰把维护刑律当作他的责任，常常跟隋文帝顶撞。

隋文帝曾经下令禁止使用不合标准的钱币。有一次，大兴城（隋朝的都城名，今陕西西安市）大街上有人拿次币换好币，被人发现了，捉到衙门里。这件事让隋文帝知道了，隋文帝听说有人竟敢违反他下的禁令，一气之下，就下令把换钱的两个人统统砍头（举例说明、反衬手法表现隋文帝的严苛）。

赵绰接到命令，赶忙进宫求见隋文帝。他对隋文帝说："这两个人犯了禁令，按刑律只能打板子，不该处死。"

隋文帝不耐烦地说："这是我下的命令，不干你的事。"

赵绰说："陛下不嫌我愚笨，叫我充当大理寺官员。现在遇到不依刑律杀人的情况，怎么能说跟我没关系呢？"

隋文帝气冲冲地说："你想撼动大树吗？撼不动你就走开吧！"

赵绰说："我只是想劝说陛下改变主意，谈不上想撼动大树。"

隋文帝又说："你想触犯天子的威严吗？"

赵绰不管隋文帝怎样威吓，还是坚持自己的意见。隋文帝怎样骂他赶他，他也不走。隋文帝没法，很不高兴地进内宫去了。

后来，由于别的官员也上奏章谏阻，隋文帝才终于取消了杀人的命令。

又有一次，官员辛亶（dǎn）被人告发搞不法的迷信活动。隋文帝又命令大理寺把辛亶处死。

赵绰上朝对隋文帝说："辛亶没有死罪，我不能接受这个命令。"

隋文帝气得浑身发抖，说："你想救辛亶，就没有你自己的命了。"说着，喝令左右侍从把赵绰拉下殿去。

赵绰面不改色，说："陛下可以杀我，但是不该杀辛亶（体现了赵绰大义凛然的精神）。"

左右侍从真的把赵绰扭下朝堂，剥了他的官服，摘掉他的官帽，准备处斩。这时候，隋文帝也想到杀赵绰太没道理，就派人跟赵绰说："你还有什么话说？"

赵绰跪在地上，挺直了腰说："臣一心执法，不怕一死。"

隋文帝并不真想杀赵绰，磨蹭了一阵子，气也平了。他想赵绰能忠于执法，毕竟是有利于他的统治的，就把赵绰放了，过了一天，还派人慰问了赵绰。

在大理寺，有一个官员名叫来旷，听说隋文帝对赵绰不满意，就想迎合隋文帝，于是背着赵绰给隋文帝上了一道奏章，认为大理寺执法太宽。隋文帝看了奏章，认为来旷说得很中肯，就提升了他的官职。

来旷自以为受到皇帝的赏识，就昧着良心，诬告赵绰徇私舞弊，把不该赦免的犯人放了。

隋文帝虽然嫌赵绰办事不顺他的心，但是对于赵绰的品行却非常认可，所以对来旷的上告有点怀疑。他派亲信官员去调查，发现根本没有这回事。隋文帝弄清真相后，勃然大怒，立刻下命令把来旷处死。

隋文帝把这个案子交给赵绰办，认为这一回来旷诬告的是赵绰自己，赵绰肯定会同意把来旷杀掉。哪知赵绰还是说："来旷有罪，但是不该判斩（表现了赵旷不公报私仇，大公无私的品质）。"

隋文帝很不高兴，袖子一甩，就退往内宫去了。

赵绰在后面大声嚷着说："来旷的事臣就不说了。不过臣还有别的要紧事，请求面奏。"

隋文帝信以为真，就答应让赵绰进内宫。

隋文帝问赵绰有什么事。赵绰说："我有三条大罪，请陛下发落。第一，臣身为大理正，没有把下面的官吏管好，使来旷触犯刑律；第二，来旷不该处死，臣不能据理力争；第三，臣请求进宫，本来没有什么事，只是因为心里着急，才欺骗了陛下。"

隋文帝听到这几句话，禁不住哑然失笑。旁边独孤皇后在座，也很赏识赵绰的正直，命令左右赐给赵绰两杯酒。隋文帝也同意赦免来旷死刑，改判革职流放。

阅读鉴赏

本文选取了几件典型的事件来表现人物性格，尤其是对于赵绰的描写。对于诬告自己的来旷，赵绰并没有落井下石，而是极力反对隋文帝杀来旷，最终来旷被免去死罪。从这件事可以看出，赵绰作为执法者，十分注重维护法律的尊严，其正直刚毅、公正无私的品质和卓越的胆识令人敬佩。

拓展阅读

隋文帝与茶文化

茶之行世，常以廉俭为本。而据史籍记载，隋文帝勤于政务，自奉甚俭，茶却也侍于左右。

隋文帝一统天下，结束了南北朝长期的分裂对峙局面后，南北方的饮茶等风俗文化得以迅速交融。而且以他帝王之尊而嗜茶，于是普天之下（尤其是黄河流域），茶不再被视为"酪奴"（北朝人对茶的蔑称），而被广泛接受。

第二十三章 玄武门之变

导　读

李世民屡立战功，太子李建成怕李世民威胁到他的地位，于是联合弟弟李元吉，几次要杀害李世民。李世民忍无可忍，决心反抗，便发动了著名的玄武门之变，并取得了胜利。那么，玄武门之变为什么会成功呢？

唐高祖即位以后，封李建成为太子，李世民为秦王，李元吉为齐王。三个人当中，数李世民功劳最大。太原起兵，原是他的主意；在以后几次战斗中，他立的战功也最多。李建成的战功不如李世民，只是因为他是高祖的大儿子，才取得太子的地位（为后文埋下伏笔，开启下文）。

李世民不但有勇有谋，而且手下有一批人才。在秦王府中，文有房玄龄、杜如晦等，号称"十八学士"；武有尉迟敬德、秦叔宝、程咬金等著名勇将。太子李建成知道自己的威信比不上李世民，心里妒忌，就和弟弟齐王李元吉联合，一起排挤李世民。

李建成、李元吉知道唐高祖宠爱一些妃子，就经常在这些宠妃面前拍马送礼，讨她们的欢心。但李世民并没有这样做。李世民平定东都之后，有的妃子私下向李世民索取隋宫里的珍宝，还为她们的亲戚谋官做，都被李世民拒绝了。于是，宠妃们常常在唐高祖面前说太子的好话，讲秦

93

王的短处。唐高祖听信宠妃的话，跟李世民渐渐疏远起来。

李世民多次立功，李建成和李元吉更加忌恨，千方百计想除掉李世民。

有一次，李建成请李世民到东宫去喝酒。世民喝了几盅，忽然感到肚子剧痛。别人把他扶回家里，他一阵疼痛，竟呕出血来。李世民心里明白，一定是李建成在酒里下了毒，赶快请医服药，总算慢慢好了。

李建成、李元吉想害李世民，但是又怕他手下勇将多，真的动起手来，占不到便宜，就想先把这些勇将收买过来。

李建成私下派人送了一封信给秦王手下的勇将尉迟敬德，表示要跟尉迟敬德交个朋友，还给尉迟敬德送去一车金银。

尉迟敬德跟建成的使者说："我是秦王的部下。如果私下跟太子来往，对秦王三心二意，我就成了个贪利忘义的小人。这样的人对太子又有什么用呢？"说着，他把一车金银原封不动地退回去了（表现了尉迟敬德忠贞不渝的高贵品德）。

李建成被尉迟敬德拒绝，非常生气。当天夜里，李元吉派了个刺客到尉迟敬德家去行刺。尉迟敬德早就料到李建成他们不会放过他。一到晚上，故意把大门打开。刺客溜进院子，隔着窗户偷看，只见尉迟敬德斜靠在床上，身边放着长矛。刺客本来知道他的名气，怕他早有防备，没敢动手，偷偷地溜回去了。

李建成、李元吉一计不成，又生一计。那时候，突厥进犯中原，李建成向唐高祖建议，让李元吉代替李世民带兵北征。唐高祖任命李元吉做主帅后，李元吉又请求把尉迟敬德、秦叔宝、程咬金三员大将和秦王府的精兵都划归他指挥。他们打算把这些将士调开以后，就可以放手杀害世民了。

有人把这个秘密计划报告了李世民。李世民感到形势紧急，连忙找他的妻兄长孙无忌和尉迟敬德商量。两人都劝李世民先发制人。李世民说："兄弟互相残杀，总不是件体面的事。还是等他们动了手，我们再来对付他们。"

　　尉迟敬德、长孙无忌都着急起来，说如果秦王再不动手，他们也不愿留在秦王府白白等死。李世民看他的部下十分坚决，就下了决心。

　　当天夜里，李世民进宫向唐高祖告了一状，诉说太子跟元吉怎么谋害他。唐高祖答应等第二天一早，叫兄弟三人一起进宫，由他亲自查问。

　　第二天早上，李世民叫长孙无忌和尉迟敬德带了一支精兵，埋伏在皇宫北面的玄武门①，只等李建成、李元吉进宫。

　　没多久，李建成、李元吉就骑着马朝玄武门来了，他们到了玄武门边，觉得周围的气氛有点反常，心里犯了疑。两人掉转马头，准备回去。

　　李世民从玄武门里骑着马赶了出来，高喊说："殿下，别走！"

　　李元吉转过身来，拿起身边的弓箭，就想射杀李世民，但是心里一慌张，连弓弦都拉不开了。李世民眼明手快，射出一支箭，把李建成先射死了；紧接着，尉迟敬德带了七十名骑兵一起冲了出来，尉迟敬德一箭，

_____

① 玄武门：玄武门是隋唐京师长安城太极宫和大明宫的北门。隋唐长安城
　　有两座玄武门，一座遗址在大明宫北面，另一座遗址在太极宫北。

把李元吉也射下马来。

东宫和齐王府的将士听到玄武门出了事，全部出动，猛攻秦王府的兵士。李世民一面指挥将士抵抗，一面派尉迟敬德进宫。

唐高祖正在皇宫里等着三人去朝见，尉迟敬德手拿长矛气吁吁地冲进宫来，说："太子和齐王发动叛乱，秦王已经把他们杀了。秦王怕惊动陛下，特地派我来保驾。"

高祖这才知道外面出了事，吓得不知道该怎么办才好。

宰相萧瑀等说："李建成、李元吉本来没有什么功劳，两人妒忌秦王，施用奸计。现在秦王既然已经把他们消灭，这是好事。陛下把国事交给秦王，就没事了。"

到了这步田地，唐高祖要反对也没用了，只好听左右大臣的话，宣布李建成、李元吉罪状，命令各府将士一律归秦王指挥。过了两个月，唐高祖让位给秦王，自己做太上皇。李世民即位，就是唐太宗。

李世民时年28岁，改元贞观，第二年为贞观元年。历史上把这次政变称为"玄武门之变"。

阅读鉴赏

文章结构完整，条理清晰，脉络清楚，依次讲述了玄武门之变发生的原因、经过和结果。文中通过一系列的典型事例塑造了人物形象，如太子李建成害怕战功显赫的李世民威胁到自己的太子之位，而联合李元吉屡次陷害李世民，这表现了他心胸狭窄，用心险恶；虽然李建成屡次陷害李世民，可李世民仍然不愿发动玄武门之变，使兄弟之间自相残杀，这体现了其善良、宽容大度的一面；在发生叛乱时，李世民临危不惧，指挥若定，表现了其卓越的领导才能。

导　读

　　武则天行事果断泼辣，当了皇后之后更是如此。她野心勃勃，逐渐有了当皇帝的野心。她是如何登上皇帝的宝座的呢？

　　唐太宗是个精明能干的皇帝，但是他的儿子高宗却是个庸碌无能的人。唐高宗即位以后，自己不会处理朝政大事，一切靠他的舅父、宰相长孙无忌拿主意。后来，他立了皇后武则天，情况就发生了变化。

　　武则天本来是唐太宗宫里的一个才人（妃嫔的称号），十四岁那年，就服侍太宗。当时太宗的御厩里，有匹名马，叫"狮子骢（cōng）"，长得肥壮可爱，但是性格暴躁，不好驾驭。

　　有一次，唐太宗带着宫妃们去看那匹马，跟大家开玩笑说："你们当中有谁能制伏它？"妃子们不敢接话，十四岁的武则天勇敢地站了出来，说："陛下，我能！"

　　太宗惊奇地看着她，问她有什么办法。武则天说："只要给我三件东西：第一件是铁鞭，第二件是铁锤，第三件是匕首。它要是调皮，就用鞭子抽它；还不服，用铁锤敲它的头；如果再捣蛋，就用匕首砍断它的脖子（表现出少女时的武则天残忍的性格)。"

　　唐太宗听了哈哈大笑。他虽然觉得武则天说得有点孩子气，但是也很赞赏她泼辣的性格。

　　唐太宗死后，按照当时宫廷的规矩，武则天被送进尼姑庵。这当然是她很不情愿的。

　　唐高宗在当太子的时候，就看中了武则天。即位两年后，他把武则天从尼姑庵里接出来，封她为昭仪。后来，又想废了原来的王皇后，立武则天做皇后。这件事遭到很多老臣的反对，特别是高宗的舅父长孙无忌，说什么也不同意。

　　武则天私下拉拢一批大臣，在高宗面前支持自己当皇后，有人对高宗说："这是陛下的家事，别人管不着。"唐高宗这才下了决心，把王皇后废了，让武则天当皇后。

　　武则天当了皇后以后，用尽各种手段，把那些反对她的老臣一个个降职、流放，连长孙无忌也被逼自杀。

　　不多久，本来已经十分无能的高宗害了一场病，整天头昏眼花，有时候连眼睛都张不开。唐高宗看武则天既能干，又懂得文墨，索性把朝政大事全交给她管了。

　　武则天掌了权，渐渐不把高宗放在眼里。高宗想干什么，没有经过武则天同意，就干不了。唐高宗心里气恼，有一次，他跟宰相上官仪商量。上官仪是反对武则天掌权的，就说："陛下既然嫌皇后太专断，不如把她废了。"高宗是个没主见的人，听了上官仪的话，说："好，那就请你去给我起草一道诏书吧。"

　　两个人说的话，被旁边的太监听见了，那些太监都是武则天的心腹，连忙把这件事报告给了武则天。等上官仪把起草好的诏书送给高宗时，武则天已经赶到了。她厉声问高宗："这是怎么回事？"

　　唐高宗见了武则天，吓得好像矮了半截。他把上官仪起草的诏书藏在袖子里，结结巴巴地说："我本来没这个意思，都是上官仪教我干的。"

武则天立刻下命令把上官仪杀了（高宗的无能反衬出武则天的威严）。

打那以后，唐高宗上朝，都由武则天在旁边监视；大小政事，都得由皇后点了头才算数。

公元683年，高宗死了。武则天先后把两个儿子立为皇帝——中宗李显和睿（ruì）宗李旦。他们两个都不中她的意，于是，她把中宗废了，把睿宗软禁起来，自己以太后的名义临朝执政。这一来，又遭到一些大臣和宗室的反对。

官员徐敬业曾被武则天降职，借这个由头，在扬州起兵反对武则天。武则天找宰相裴炎商量。裴炎说："现在皇帝年纪大了，还不让他执政，人家就有了借口，只要太后把政权还给皇帝，徐敬业的叛乱自然会平息。"

武则天认为裴炎跟徐敬业一样，都想逼她下台，一气之下，就把裴炎打进监牢；又派出大将带领三十万大军讨伐徐敬业。徐敬业兵少势孤，抵抗了一阵，就失败了。

接着，又有两个唐朝宗室——越王李贞和琅琊王李冲起兵反对武则天，也被武则天派兵镇压下去。

经过这两场小小的兵变，全国恢复了安宁，没有人再敢反对武则天。武则天巩固了她的统治，就不满足太后执政的地位了。

有个和尚猜到了太后的心思，就伪造了一部佛经，献给武则天。那部佛经里说，武则天本来是弥勒佛投胎到人世来的。佛祖派她下凡，就是要让她代替唐朝皇帝统治天下。

又过了几月，有个名叫傅游艺的官员，联络了关中地区九百多人联名上书，请求太后即位称帝。武则天一面推辞，一面提升了傅游艺的官职。结果，劝她做皇帝的人越来越多。据说当时文武官员、王公贵族、远近百姓、和尚道士等，上劝进表的有六万多人（表现出了武则天登基成为不可挽回的局势）。

公元690年农历九月，武则天接受大家的请求，自称"圣神皇帝"，改国号为周。她成了中国历史上唯一的女皇帝。从她称帝开始，到公元705年唐中宗复位，武则天足足当了十五年的皇帝，如果算上她实际掌握

朝政的时间，则差不多有五十年之久。

阅读鉴赏

　　本文通过对几件典型事例的描写充分刻画了武则天的性格——勇敢泼辣，她对反对自己的人绝不心慈手软，给人留下了深刻的印象。

拓展阅读

武则天的无字碑

　　武则天的无字碑，位于陕西省咸阳市区西北方五十公里处的乾陵。乾陵是唐高宗李治和武则天的合葬陵，陵前并立着两块巨大的石碑，西侧的一块是武则天为高宗歌功颂德而立的"述圣碑"，东侧的就是武则天的无字碑。

　　她知道对自己的一生，人们会有各种各样的评价，肯定的或者否定的，碑文写好写坏都是难事，因此决定立"无字碑"，由后人去评价。

第二十五章

安史之乱

导 读

　　天宝年间，安禄山日益骄横，遂起谋反之心。他伙同部将史思明在范阳发动叛乱，由此引发了一场长达八年的叛乱。那么，这次叛乱是如何被平息的？它给唐朝带来了什么样的后果呢？

　　天宝十年（公元751年）二月，安禄山兼任范阳、平卢、河东三镇节度使，统领边兵近二十万人。安禄山治下刑赏皆由己出，日益骄横，又看到天下武备松弛，遂萌生篡夺最高权位的谋反之心。四月，南诏叛附吐蕃，剑南节度使鲜于仲通率兵征讨。唐军大败，战死者六万余人。不久，安西四镇节度使高仙芝又与当时的阿拉伯帝国大食战于怛逻斯（今哈萨克斯坦东南江布尔），唐军又败。

　　天宝十一年（公元752年）十一月，李林甫死，玄宗以杨国忠继任宰相，兼领四十余职。从此，国忠专决朝政，颐指气使，公卿以下，皆不敢言（开篇介绍了安史之乱的背景从而引起下文）。

　　天宝十四年（公元755年）十一月，安禄山伙同部将史思明率兵及同罗、奚、契丹、室韦等共十五万兵马，号称二十万，反于范阳（治所在今北京市西南），安史之乱爆发。唐玄宗闻讯，当即调安西节度使封常清为范阳、平卢节度使，在东都洛阳募兵六万，守卫河阳大桥（在今河南孟州市南）。接着又以金吾卫大将军高仙芝率京师五万兵，屯驻陕郡（治所在今河南三门峡西北）。十二月，安史叛军占领东都，封、高二将退守潼关。不久，唐玄宗误听了监军宦官边令诚的谗言，处死了封常清和高仙芝，改派病废在家的陇右节度使哥舒翰任兵马副元帅，领兵八万，进驻潼关。这时，河北十七郡吏民分别在颜杲卿和颜真卿兄弟的率领下，拥有兵士二十多万，切断了范阳与东都之间的交通，使安禄山陷入困境。

天宝十五年（公元756年）正月，安禄山在洛阳称大燕皇帝。不久，唐玄宗派朔方节度使郭子仪和河东节度使李光弼率部从井陉（今河北井陉西北）东进，会同颜真卿部在河北会合。真源（今河南鹿邑）县令张巡率军民坚守雍丘（今河南杞县），多次击败叛军，确保江淮不失。

同年五月，哥舒翰在唐玄宗和杨国忠的严厉威逼下，被迫出兵。结果，兵败灵宝，潼关失守，叛军突破潼关险隘，向长安逼近。六月，唐玄宗与杨贵妃、杨国忠兄妹及部分大臣、皇子，连同禁军将士一千多人出禁苑之西延秋门，向蜀地逃窜。行至马嵬驿（在今陕西兴平境内），禁军哗变，杀宰相杨国忠，又逼迫唐玄宗缢死杨贵妃（把一个王朝的衰败归罪于"红颜祸水"，唐朝的没落真的是由杨贵妃引起的吗？让人深思）。

太子李亨在部分大臣的拥戴下，北上灵武（今宁夏吴忠西南）。七月，李亨在灵武即帝位，是为唐肃宗，改元至德。八月，肃宗将郭子仪和李光弼部从河北召至灵武，并联合回纥骑兵，准备开展大规模的反攻。

至德二年（公元757年）正月，安禄山被其子安庆绪杀死。九月，郭子仪率唐军和回纥骑兵收复长安。接着，又收复东都。安庆绪退守邺郡（治所在今河南安阳）。

乾元元年（公元758年）九月，唐肃宗调遣朔方郭子仪、淮西鲁炅、兴平李奂、滑濮许叔冀、镇西北庭李嗣业、郑蔡季广琛、河南崔光远、河东李光弼、关内泽潞王思礼等九节度使率兵六十万，进讨安庆绪。又以宦官鱼朝恩为观军容宣慰处置使，协调和指挥战事。十月，唐军进围邺城，安庆绪向留守范阳的叛将史思明求救。

乾元二年（公元 759 年）三月，史思明率兵十三万赴援，与唐军在安阳河北相遇。双方未及布阵，大风突起，飞沙走石，天地昼晦，两军将士大惊，官军向南溃逃，叛军向北撤退。不久，史思明率部来到邺城南，安庆绪出城慰劳，被史思明杀死，叛军返回范阳，思明自称大燕皇帝（暗示内部动乱必将导致叛乱的失败）。

上元元年（公元 760 年）四月，史思明率军南下，攻占东都。次年二月，史思明被其子史朝义所杀，史朝义即帝位，改元显圣。宝应元年（公元762 年）四月，唐肃宗病重弥留。张皇后与越王李系密谋，企图诛杀专权宦官李辅国，因事情败露而被杀，肃宗惊吓而死。太子李豫即位，是为唐代宗。同年十月，唐代宗以雍王李适为天下兵马元帅，朔方节度使仆固怀恩为副元帅，统领诸道唐军和回纥兵，收复洛阳，史朝义北逃范阳。

唐代宗广德元年（公元 763 年）正月，史朝义逃至广阳（今北京房山东北）附近，由于众叛亲离，自缢而死。其部将李宝臣、李怀仙、田承嗣相继投降，先后被任为成德、幽州和魏博三镇节度使，是为河北三镇。长达八年之久的安史之乱至此平息。

阅读鉴赏

安史之乱是当时社会各种矛盾所促成的，对唐朝后期的影响尤其巨大。

本文的一大特色是按时间顺序记叙了安史之乱的发生、发展和结果，时间明确，数字精准，脉络清晰，让人一目了然。

拓展阅读

"羞花"杨贵妃

传说杨玉环初入宫时，因思念家乡而终日愁眉不展。有一次，她和宫女们一起到宫苑赏花，无意中碰着了含羞草，草的叶子立即卷了起来。从此以后，"羞花"也就成了杨贵妃的雅称了。

第二十六章
陈桥兵变

导　读

赵匡胤是周世宗的得力干将，曾为周朝立下了汗马功劳。周世宗死后，军事大权落到了赵匡胤手里。由于皇帝年纪尚小，赵匡胤的手下都拥护他做皇帝，并在陈桥发动兵变。那么，兵变的结果如何呢？

周恭帝即位的时候，年纪太小，由宰相范质、王溥辅政。后周的政局不稳。京城里人心浮动，谣言纷纷，说赵匡胤快要夺取皇位了。

赵匡胤本来是周世宗手下的得力大将，跟随周世宗南征北战，立下不少战功。周世宗在世的时候，十分信任赵匡胤，派他做禁军统帅，官名叫殿前都点检。禁军是后周一支最精锐的部队。

世宗一死，军权落在赵匡胤手里。五代时期，武将夺取皇位的事情很多，所以，人们有这种猜测也不足为奇（为后文陈桥兵变、黄袍加身做了铺垫）。公元960年春节，后周朝廷正在举行新皇朝见大礼的时候，忽然接到边境送来的紧急战报，说北汉国主和辽朝联合，出兵攻打后周边境。大臣们慌作一团，后来由范质、王溥做主，派赵匡胤带兵抵抗。

赵匡胤接到出兵命令，立刻调兵遣将，过了两天，就带了大军从汴京出发。跟随他的还有他弟弟赵匡义和亲信谋士赵普。

当天晚上，大军到了离开京城二十里的陈桥驿，赵匡胤命令将士就地扎营休息。兵士们倒头就呼呼睡着了，一些将领却聚集在一起，悄悄商量。有人说："现在皇上年纪那么小，我们拼死拼活去打仗，将来有谁知道我们的功劳，倒不如现在就拥护赵点检做皇帝吧！"

大伙听了，都赞成这个意见，就推举一名官员把这个意见先告诉赵匡义和赵普。

那个官员到赵匡义那里，还没有把话说完，将领们已经闯了进来，亮出明晃晃的刀，嚷着说："我们已经商量定了，非请点检即位不可。"

赵匡义和赵普听了，暗暗高兴，一面叮嘱大家一定要安定军心，不要造成混乱，一面赶快派人告诉留守在京城的大将石守信、王审琦。

没多久，这消息就传遍了军营。将士们全起来了，大家闹哄哄地拥到赵匡胤住的驿馆，一直等到天色发白。

赵匡胤隔夜喝了点酒，睡到很晚，一觉醒来，只听得外面一片嘈杂的人声，接着，就有人打开房门，高声地叫嚷，说："请点检做皇帝！"

这就是历史上著名的"黄袍加身"的典故。

赵匡胤赶快起床，还没来得及说话，几个人把早已准备好的一件黄袍，七手八脚地披在赵匡胤身上。大伙跪倒在地上磕了几个头，高呼"万岁"。接着，又推又拉，把赵匡胤扶上马，请他一起回京城。

赵匡胤骑在马上，才开口说："你们既然立我做天子，我的命令，你们都能听从吗？"

将士们齐声回答说："自然听陛下命令。"

赵匡胤就发布命令：到了京城以后，要保护好周朝太后和幼主，不许侵犯朝廷大臣，不准抢掠国库。执行命令的将领有重赏，否则就要严办。

赵匡胤本来就是禁军统帅，再加上有将领们拥护，谁敢不听号令！将士们排好队伍开往京城。一路上军容整齐，秋毫无犯。

到了汴京，又有石守信、王审琦等人做内应，没费多大劲儿就拿下了京城。

将领们把范质、王溥找来。赵匡胤见了他们，装出为难的模样说："世宗待我恩义深重。现在我被将士逼成这个样子，你们说怎么办（表现了赵匡胤虚伪狡猾的一面）？"

范质等不知该怎么回答。有个将领声色俱厉地叫了起来："我们没有主人。今天大家一定要请点检当天子！"

范质、王溥吓得赶快下拜。

周恭帝让了位，赵匡胤即位做了皇帝，国号叫宋，定都东京（今河南开封）。历史上称为北宋。赵匡胤就是宋太祖。经过五十多年混战的五代时期，宣告结束。

阅读鉴赏

本文用简练的语言叙述了陈桥兵变、赵匡胤"被迫"当上了皇帝这一事件，清楚地呈现了这一政变发生的时间、地点和人物，结构完整，情节紧凑，耐人寻味。

拓展阅读

杯酒释兵权

宋太祖宴请高级将领石守信等人。饮到一半，太祖苦笑着说："假如有朝一日部下将黄袍披到你们身上，你们即使不想做皇帝，恐怕也不行吧？"石守信等一听，大惊失色，慌忙下跪叩拜。石守信等人第二天就知趣地交出了兵权。

第
二
十
七
章

"莫须有"冤狱

导　读

　　岳飞忠心为国，却遭到了奸臣秦桧等人的诬陷，最终惨遭杀害。那么，秦桧是以什么罪名诬陷岳飞的呢？秦桧等人又有着怎样的下场呢？

　　绍兴和议之后，兀术派使者送密信给秦桧说："你天天向我们求和，但是留着岳飞，我们不放心。一定得想法子把他除掉。"

　　秦桧接到主子的密信，就开始想办法向岳飞下毒手了。

　　<u>秦桧先唆使他的同党、监察御史万俟卨（mò qí xiè，万俟是姓）向朝廷上了一道奏章，攻击岳飞骄傲自大，捏造了岳飞在金兵进攻淮西的时候，拥兵不救，放弃阵地等许多"罪名"。万俟卨开了第一炮以后，又有一批秦桧同党接二连三地上奏章攻击岳飞</u>（表现了秦桧品行不端正，陷害忠良的本质）。

　　岳飞知道秦桧跟他过不去，就主动要求辞去枢密副使的职务，高宗马上批准了。

　　然而，事情并没有到此结束。大将张俊原来是岳飞的上司，后来岳飞立了大功，遭到张俊的妒忌。秦桧知道张俊对岳飞不满，就勾结张俊，唆使岳家军的部将王贵、王俊，诬告另一个部将张宪想占据襄阳，发动

108

兵变，帮助岳飞夺回兵权，还诬告岳飞的儿子岳云曾经写信给张宪，秘密策划这件事。

秦桧根据王贵、王俊两个奸徒的诬告，先把张宪抓起来送进大理寺大狱，严刑拷打，张宪宁死不招。接着，秦桧又奏请高宗下令逮捕岳飞、岳云，到大理寺受审。

秦桧的使者去逮捕岳飞时，岳飞笑着对使者说："上有天，下有地，会证明我是无罪的。"

岳飞、岳云两人被逮捕到大理寺的时候，张宪已被拷打得遍体鳞伤，浑身是血，已经没有一点人样了。岳飞见了心里又难过又气愤。

审问岳飞的就是万俟卨。万俟卨拿出王贵、王俊的诬告状，放在岳飞面前，吆喝着说："朝廷哪里亏待你们三人了，为什么要谋反？"

岳飞说："我没有什么对不起国家的地方。你们掌管国法的人，可不能诬陷忠良啊！"

旁边一些官员们也七嘴八舌地附和万俟卨，硬说岳飞想谋反。岳飞知道这些家伙都是秦桧的同党，申辩也没有用，就长叹一声说："我今天落在奸贼的手里，虽然有一片忠心，也没法申诉了。"

秦桧又派御史中丞何铸审问，岳飞一句话也不回答，他扯开上衣，露出脊梁让何铸看，只见背上刺着"精忠报国"四个大字，痕迹很深。何铸一看，大为震动，不敢再审，就把岳飞押回监狱，再看了一些案卷，觉得说岳飞谋反确实没有证据，只好向秦桧如实回报。

秦桧认为何铸同情岳飞，不再让他审问，仍叫万俟卨罗织罪状。万俟卨一口咬定岳云曾经写信给张宪，布置夺军谋反的计划。他们没有物证，就诬说信已经被张宪烧毁了。

万俟卨反复拷问岳飞等三人，岳飞受尽酷刑，什么都不承认。有一天，万俟卨又逼岳飞写供词，岳飞在纸上只写下八个大字："天日昭昭，天日昭昭（表现了岳飞誓死不屈，一心为国的高尚精神）。"

这个案件拖了两个月，审讯毫无结果。朝廷官员都知道岳飞冤枉，

有些官员大胆上奏章替岳飞申冤，结果也遭到秦桧陷害。

老将韩世忠忍不住亲自去找秦桧，责问他凭什么说岳飞谋反，到底有什么证据。秦桧蛮横地说："岳飞给张宪的信，虽然没有证据，但是这件事莫须有。"

韩世忠气愤地说："'莫须有'三个字，怎能叫天下人心服（展现了秦桧乱定罪名的荒唐）！"

韩世忠反复力争，却没有结果，就自己上奏章把枢密使职务辞了。

有一天，秦桧上朝回家，跟他妻子王氏在东窗下一起喝酒。秦桧手里拿着一只柑子，心神不定地用手指甲在柑子皮上乱画。王氏是个比秦桧还狠毒的人，她看出秦桧对要不要马上杀岳飞还在犹豫，冷笑着说："你这老头儿，好没有决断，要知道缚虎容易放虎难啊！"

秦桧听了王氏的话，狠了狠心，马上亲手写了一个纸条，秘密派人送到监狱。公元1142年1月的一个夜里，岳飞这位年仅三十九岁的抗金英雄在牢里被害。岳云、张宪同时被害。

岳飞被害以后，临安狱卒隗顺偷偷地把他的遗骨埋葬起来。直到宋高宗死后，岳飞的冤狱才得到平反昭雪，人们才把岳飞的遗骨改葬在西湖边栖霞岭上，后来又在岳飞墓的东面修建了岳庙。现在，在庄严雄伟的岳庙大殿里，端坐着全身戎装的岳飞塑像，塑像上方悬挂的匾额上，刻着岳飞亲笔写的"还我河山"四个大字，使人肃然起敬。在岳飞墓对面，还放着用生铁浇铸的秦桧、王氏、万俟卨和张俊四人反剪双手的跪像，反映了人民对抗金英雄的景仰和对卖国贼的憎恨。

阅读鉴赏

本文讲述了秦桧陷害岳飞的经过。为了陷害岳飞，他到处搜罗岳飞的罪状，无果，最后，竟然以"莫须有"的罪名定罪。通过典型事例，岳飞的精忠报国，秦桧等人的狡诈、奸邪、无耻的形象跃然纸上，两者对比鲜明，让人印象深刻。

拓展阅读

淡泊名利的岳飞

岳飞是中国历史上的抗金名将，他精忠报国，为国家立下了汗马功劳。可他在衣食住行等生活方面的琐事上却依然简朴淡泊，处处严格要求自己。

衣——全家均穿粗布衣衫。

食——留部将进餐，却一个荤菜也没有。

住——睡茅屋军帐，与士卒同甘共苦。

财产——岳飞不仅乐善好施，而且还用自己的私家财产去补贴军用。

犒赏——战时南宋对军队犒赏极厚，岳飞从来不取一文，全数分给将士。

第二十八章
成吉思汗统一蒙古

导　读

　　铁木真的父亲也速该死后，家族迅速衰落。为了恢复父亲的势力，铁木真努力壮大自己的力量，最终做了蒙古的大汗。在做了大汗之后，铁木真又采取了哪些措施巩固自己的地位呢？他取得了哪些成就呢？

　　当韩侂胄（tuō zhòu）北伐的时候，金朝内部已经十分腐败。北方的蒙古族趁这个时机强大起来。公元 1206 年，蒙古各部落首领在斡难河（今鄂嫩河）边，举行了一次盛大的集会，公推铁木真做全蒙古的大汗（就是大帝的意思），并称作成吉思汗。

　　铁木真本来是蒙古族孛儿只斤部酋长也速该的儿子。<u>在他幼年的时候，金王朝统治者对蒙古族人民实行残酷统治，各部落之间也是明争暗斗，蒙古族人民的生活十分困苦。</u>铁木真的祖先俺巴孩就是被金朝皇帝杀害的（交代背景，为后文做铺垫）。

　　铁木真九岁那年，也速该把铁木真带到一个朋友家定亲。他把铁木真留在朋友家里就独自回家了。赶了一段路后，感觉肚子很饿，想找点东西吃，正好看见有一群塔塔儿部人在草原上举行宴会。他下马走进人群，按照当地风俗，参加了塔塔儿人的宴会。

塔塔儿部和孛儿只斤部曾发生过斗争，也速该没想到这一点，塔塔儿部却有人认出了也速该，便偷偷地在也速该吃的食物里放了毒药。也速该在离开宴会回家的路上，肚子异常疼痛，才想到可能是刚才在宴会上中了毒，但是懊悔也来不及了。他忍着疼痛，刚赶回家里，就咽了气。

　　也速该一死，孛儿只斤部失去了首领，便支离破碎了。原来归附也速该的泰亦赤部也脱离了他们，还带走了不少也速该的奴隶和牲畜。铁木真的家境从此一天不如一天。

　　泰亦赤部的首领怕铁木真长大后向他们报仇，就带领人马捉拿铁木真，想把他杀害。铁木真得到消息，连忙逃到一座森林里。

　　铁木真在森林里躲了九天九夜，没吃没喝，忍不住饥饿，走了出来。他一出森林，就被泰亦赤人抓住了。泰亦赤人给他戴上木枷，带到各个营帐里去示众。<u>有一天，泰亦赤部的首领和百姓都在斡难河边举行宴会，只留下一个人看守监视他。铁木真趁看守不防备，举起木枷把看守砸昏了，逃了出来</u>（体现了铁木真的机警与果敢）。

　　以后，铁木真和他的母亲、弟弟、妹妹又躲进深山里，靠捉土拨鼠、野鼠当饭吃，日子过得更艰苦了。

　　年轻的铁木真为了恢复父亲的事业，想尽办法，渐渐把他们部落失散的亲属和百姓聚集起来。他在跟别的部落的战斗中打了胜仗，力量渐渐壮大起来。

　　铁木真跟另一个部落的首领札木合是朋友。他们两个常常白天在树荫下举行宴会，晚间睡在一起，感情好得像亲兄弟一样。但是，后来铁木真力量强大了，札木合部下有人投奔了铁木真，札木合很不高兴。有一次，札木合的弟弟抢夺铁木真的马群时，被铁木真的部下杀了，双方发生了冲突。札木合集合了他统治的十三部一共三万人马攻打铁木真。

　　铁木真也不甘示弱，把部下的三万人马分成十三支队伍，抵抗札木合的进攻。双方在斡难河边的草原上展开了一场大战，铁木真抵挡不住，败退了。札木合把抓住的战俘成批杀害。这件事引起札木合部下的不满，

纷纷脱离札木合投奔铁木真，铁木真虽然打了败仗，实力反而更壮大了。

铁木真没有忘记杀害他父亲的仇人塔塔儿部的首领蔑古真。没有多久，蔑古真得罪了金朝，金朝派丞相完颜襄约铁木真配合进攻塔塔儿部。铁木真认为这是个报仇的好机会，就和金兵一起夹击塔塔儿部，把塔塔儿部打得全军覆没，并俘获了大批人口和牲畜、辎重。金王朝认为铁木真立了功劳，封他做前锋。

以后，铁木真又经过几次战斗，陆续消灭了蒙古高原的几个部落，终于统一了全蒙古。他被蒙古各部首领推举当了大汗，这就是举世闻名的成吉思汗。

成吉思汗即位以后，建立了军事和政治制度，统一使用蒙古文字，使蒙古成了一个强大的汗国。但是金朝还把蒙古当作它的附属国，要成吉思汗向其进贡。成吉思汗立志要改变这种屈辱的地位。

金章宗死后，太子完颜永济即位，派使者到蒙古下诏书，要成吉思汗下拜接受。成吉思汗问使者新皇帝是谁，使者告诉他是永济。成吉思汗轻蔑地吐了一口唾沫，说："我原来以为中原主人是天上人做的，像这种庸碌无能的人也配做皇帝？"说罢，就把金朝的使者丢在一边，自己上马走了。从此以后，成吉思汗就跟金朝决裂了。

公元1211年，成吉思汗决心大举进攻金朝。他登上高山对天祈祷，说："金朝皇帝杀害我的祖先俺巴孩，请允许我报这个仇吧！"接着，他就选了三千名精锐骑兵南下（呼应前文，表现成吉思汗矢志不渝的信念）。金将胡少虎带了三十万金兵抵抗，被蒙古军打得一败涂地。过了两年，蒙古兵又打进居庸关，围攻金朝的中京（今北京市）。成吉思汗跟他四个儿子分兵几路，在河北平原上横冲直撞，所向无敌。

这时候，金朝内部十分混乱，金主完颜永济被杀，新即位的金宣宗不得不向成吉思汗求和，献出大批金帛，并把公主嫁给成吉思汗，成吉思汗才撤兵回去。

成吉思汗打败了金朝后，兵力更强大了。公元1219年，有一支蒙古商队受成吉思汗派遣到西方去，经过花剌子模（在今里海东，咸海西）时，被当地的守将杀害。成吉思汗亲自率领二十万蒙古大军攻打花剌子模，接着，又向西攻打，占领了现在的中亚细亚各国，前锋一直打到现在的欧洲东部和伊朗北部，才带兵回国。

成吉思汗带兵西征的时候，曾经要西夏①发兵帮助，西夏不但拒绝出兵，而且和金朝结了同盟。成吉思汗回来以后就决心灭掉西夏。在围攻西夏京城的最后时刻，他自己却得了重病。他知道好不起来了，就在病床上对部下将领说："我们攻打金朝，要向宋朝借路。宋朝和金朝冤仇很深，一定会答应我们。"

成吉思汗死后，他的儿子窝阔台接替他做大汗。窝阔台按照成吉思汗的遗嘱，向南宋借路，包围了金朝京城开封。公元1233年，蒙古军攻破开封，金哀宗逃到蔡州（今河南汝南）。

---

① 西夏：中国历史上由党项族在中国西北地区建立的封建王朝。

蒙古又联合南宋围攻蔡州。金哀宗派使者向宋理宗求和，说："金朝被灭，下一步就轮到宋国了；如果跟我们联合，对金、宋两国都有好处。"宋理宗没有理睬他，金哀宗走投无路，只好自杀。公元 1234 年，金朝在蒙、宋两军的夹攻下灭亡。

阅读鉴赏

文章细致地描写了铁木真小时候所受的苦难，表现了他的顽强。同时，写铁木真的征战事迹，表现了他作为一代天骄的才能与智慧。

拓展阅读

误杀飞鹰

有一次，成吉思汗出去打猎。他口渴难耐，发现山顶上面有细水一滴一滴地流下来。当水快接满时，他迫不及待地想去喝。就在这时，一股疾风猛然将到嘴边的水弄洒了。他抬头一看，原来是他带来的鹰捣的鬼。成吉思汗不禁又急又怒，拿出尖刀，把鹰杀死了。

他终于攀上了山顶，忽然，他看见池边有一条大毒蛇的尸体，这时才恍然大悟："原来飞鹰救了我一命。"

成吉思汗明白了一个道理："永远不要在发怒的时候处理任何事情。"

导　读

蒙哥汗死后，忽必烈昭告天下，正式定国号为"大元"。之后，忽必烈又采取了哪些措施加强中央集权呢？

蒙哥汗死后，"黄金家族"陷入汗位之争的混乱当中，忽必烈之弟阿里不哥在阿蓝答儿、阿速台等的支持下自立为汗。当时，忽必烈正在围攻南宋的鄂州，听到消息后当即班师回朝。

1260 年 3 月，忽必烈在开平召集忽里台大会，在东道主五塔察儿、西路诸王合丹等拥护下即大汗位，建元中统，忽必烈为元世祖，蒙古尊称薛禅汗。

阿里不哥与忽必烈的对抗一直持续了四年。1260 年 7 月，忽必烈率军去和林征讨阿里不哥，双方激战后阿里不哥败逃至谦谦州（今叶尼塞河上游），忽必烈命宗王移相哥统领一支军队留驻和林以待阿里不哥。

1261 年阿里不哥率军袭击移相哥军队。11 月，忽必烈与阿里不哥的军队在昔木土脑儿（今蒙古苏赫巴托省南部）展开激战，阿里不哥又兵败北撤，忽必烈率兵追至和林后还师。后来，忽必烈切断了对漠北的物资供应，阿里不哥陷入困境，阿里不哥不得不以自己的封地谦谦州和阿尔泰山为根据地向外扩张，控制了察合台和窝阔台后裔的一部分封地。阿鲁忽即察合台汗位后，不听从阿里不哥的指挥，于是阿里不哥率兵反击阿鲁忽，进驻了阿力麻里城，阿鲁忽不得不西走撒马尔罕。阿里不哥进驻阿力麻里后杀死了很多阿鲁忽的部下（为后文他众叛亲离的结果做了铺垫）。

1264 年春，阿力麻里又遭遇饥荒，人民纷纷起来反抗阿里不哥。阿里不哥的许多部众都逃往阿尔泰地区的札不罕河（今札布汗河）上游，商讨归降忽必烈。这时，阿鲁忽又收集残余部众来攻，阿里不哥处于众叛亲离、两面夹攻之中，在走投无路的情况下，阿里不哥只得选择向忽必烈投降。至此，阿里不哥与忽必烈之间争夺汗权的斗争才告结束。

1271 年 11 月，忽必烈昭告天下，正式定国号为"元"。1272 年，改都城中都为大都。

忽必烈即位后，在中央，有中书省总政务，典领百官；由枢密院掌兵权；由御史台掌纠察百官善恶；中书省下设吏、户、礼、兵、刑、工六部；设置了翰林国史院，专修国史，起草诏敕；此外还设置了太史院、通政院等等。沿用蒙古原有的一些官制，在各路、府、州、县都设置了达鲁花赤；完善了军事制度，除设置万户、千户、百户制外，万户与千户还按兵员多少分为上、中、下三等，百户分为上、下两等；又将侍卫分为左、中、右、前、后五卫。万户、千户、百户分别设总管、总把、弹压执掌，总隶于枢密院。这样，使得央中集权大大加强（清楚详细地叙述了忽必烈建元后所采取的一系列巩固中央集权的措施）。

为了加强对中原地区的统治，忽必烈采用了汉人的许多建议。为了将蒙古政权逐步改造为采用中原地区固有统治方式的封建政权，他又将都城从中都迁入大都，表明了他已将中原地区作为他的立国基础，想把元朝作为中国历代封建王朝的继续，从此发展下去。

阅读鉴赏

本文内容充实，脉络清晰，详细地讲述了阿里不哥与忽必烈争夺汗位的过程以及忽必烈建立元朝后，为加强中央集权所采取的措施。文章开篇即点题，有效地把读者吸引到故事中来。

拓展阅读

元　朝

元朝由蒙古族建立，是中国历史上第一个由少数民族建立的大一统帝国。1206年铁木真建立蒙古汗国。1260年忽必烈即位大汗并建元"中统"，1271年忽必烈取《易经》"大哉乾元"之意改国号为元。

导　读

　　明朝的建立者朱元璋出身贫苦，因家乡闹灾，他变得孤苦伶仃，无奈之下到寺庙出家当了和尚。那么，朱元璋是如何从一个小和尚成长为一朝的开拓者的呢？这中间都经历了什么事呢？

　　在刘福通红巾军转战北方的时候，濠州郭子兴率领的红巾军正在壮大起来。

　　郭子兴本来是定远（今安徽定远）的一个财主，因为出身低微，经常受地方官吏的勒索，心里气愤不过，于是加入了白莲会。他拿出家里的钱财，摆酒杀牛，结交江湖好汉，只等一有机会，就杀死那批贪官污吏，出口恶气。

　　公元 1352 年，也就是刘福通起义的第二年，郭子兴看见时机成熟，就和四个朋友一起，带着几千个年轻人，趁着黑夜，打进濠州城，杀了州官，把濠州城占领了，宣布起义。郭子兴和他的四个好友都自称元帅（文章开篇介绍了郭子兴，从而自然地引出朱元璋）。

　　元王朝派大将彻里不花带兵围攻濠州。彻里不花害怕红巾军，不敢攻城，在很远的地方扎下营垒，却派兵士在城外捉了一些百姓，当作俘房向上级冒功请赏。城外的老百姓遭到迫害，过不了日子，纷纷逃到城里投奔郭子兴。郭子兴的队伍越来越壮大。

有一天晚上，濠州的红巾军正在城门边巡逻。忽然城外来了一个青年和尚，说要投奔红巾军。守门的红巾军兵士怀疑他是元军派来刺探军情的奸细，一边把他捆绑起来，一边派人报告郭子兴。

郭子兴一听，心想也许来的真是投奔他的好汉，便亲自骑马到城门口去察看。只见那个被捆绑起来的和尚，虽然衣服穿得破破烂烂，却长得身材魁梧，浓眉大眼。郭子兴一看，心里十分喜欢，马上命令兵士松了绑，把和尚带回元帅府。

那个投奔郭子兴的青年和尚，名叫朱元璋。他父亲是濠州钟离（今安徽凤阳东）一个贫苦农民。朱元璋十七岁那年，淮北闹了一场严重的旱灾和蝗灾，接着又出现了瘟疫。朱元璋的父亲、母亲和大哥接连传染上了疫病，去世了。剩下朱元璋和他的二哥，连买口棺材的钱也没有，亏得邻居同情他们，帮助他们把父母埋葬了（介绍了朱元璋的贫苦出身和所遭受的磨难，为下文他出家做和尚做了铺垫）。

朱元璋失去了父母亲，生活没有着落。邻居给他出了个主意，要他到附近的皇觉寺当小和尚，混口饭吃。这样，朱元璋就出了家。寺院里的小和尚，其实是给人使唤的用人。朱元璋每天伺候师父、师兄，起早摸黑、扫地、上香、敲钟、做饭，日子过得非常辛苦。

但是，那个时候要在皇觉寺混口饭吃也不容易。原来，皇觉寺是靠收租米过日子的，这年灾情严重，皇觉寺收不到租米。朱元璋在寺里待了才五十天，眼看要断粮了。师父、师兄们一个个离开寺院到外面化缘去了，朱元璋也被打发出门，带着小木鱼和钵头到淮西一带流浪讨饭。过了三年，濠州的灾情稍微缓和了一点，他才又回到皇觉寺。

又过了一年，红巾军起义爆发了，朱元璋在寺里不断听到外面传来的消息，一会儿是刘福通占领了颍州，一会儿是芝麻李占领了徐州。到了年底，又听到濠州也被红巾军占领了。朱元璋早就听到弥勒佛要下凡救世的传说；现在又听到红巾军到处起兵，元兵节节败退，心里想，穷人出头的日子到了，就离开皇觉寺，到濠州来投奔郭子兴。

郭子兴跟朱元璋一谈话，发觉他口齿伶俐，十分赏识，马上叫他脱下袈裟，换上兵士服装，把他留在身边做亲兵长。

朱元璋参加起义军以后，马上表现出他的才能。他打仗勇敢，又有计谋。郭子兴把他当作心腹看待，出去打仗，总要先跟他商量。在起义兵士中，朱元璋的声望渐渐提高了（表现了朱元璋突出的才能，这为他以后起兵积蓄了力量）。

郭子兴有个好朋友姓马，在郭子兴起兵那年病死。马公临死的时候，把他的孤女托给郭子兴照顾。郭子兴把女孩带回家里，交给妻子张夫人抚养，把她当作自己的亲生女儿一样。郭子兴一直想给她选个好女婿，这一回，见朱元璋是个人才，就跟张夫人商量，要把马公的女儿嫁给朱元璋，张夫人一听也十分赞成。这样，皇觉寺的小和尚就做了郭元帅的女婿，地位也不同了，在起义军中，大家都称他"朱公子"。

濠州的红巾军里，连郭子兴在内，共有五个元帅。五个人平起平坐，不分高低，谁也管不了谁。除郭子兴外，另外四个元帅都有点江湖气，不讲纪律。郭子兴渐渐看不惯他们，他们也嫌郭子兴。日子一久，矛盾越来越深，四个人就合在一起，排挤郭子兴。有一次，郭子兴差点被他们害死，亏得朱元璋得到消息，把郭子兴救了出来。

朱元璋发现起义军的几个将帅胸襟狭窄，在他们手下干事，成不了什么气候，就回到老家，招兵买马（体现了朱元璋做事果断、目光长远的特点）。他少年时候的伙伴徐达、汤和，听说朱元璋做了红巾军的将领，都来投奔，不到十天，就招募了七百人。后来，他们又袭击元军，招降了一批元军。

朱元璋得了大批生力军，整顿纪律，加紧训练，把手下的军队训练成一支战斗力很强的队伍，声势大振。

定远有个文人李善长，是个很有计谋的人，也来找朱元璋。朱元璋知道他很有学问，就留他在起义军里当谋士。有一次，朱元璋问李善长说："现在全国到处都在打仗，什么时候才能太平呢？"

李善长说："秦朝末年，也这样大乱过。汉高祖是平民出身，因为他气量大，能够用人才，又不乱杀人，只花了五年时间，就统一了天下。现在元朝政治这样混乱，天下土崩瓦解，您何不向汉高祖学习呢？"

从那时候起，朱元璋就一心一意地想学汉高祖刘邦（学习汉高祖刘邦，体现了朱元璋的政治野心与雄伟抱负）。

朱元璋带着自己训练出来的队伍，连续打下滁州、和州。小明王韩林儿在亳州称帝那年，郭子兴得病死了。小明王就封郭子兴的儿子郭天叙为都元帅，朱元璋做了副元帅。

郭天叙没有什么指挥的经验，加上红巾军中大多将士都是朱元璋的亲信，朱元璋名义上是副帅，实际上实权全掌握在他手里。没多久，郭天叙在攻打集庆（今江苏南京）的时候，被叛徒杀死，朱元璋就当了名副其实的元帅。

朱元璋独掌兵权以后，率领大军大破元朝水军，渡江攻打集庆，集庆五十多万军民投降。朱元璋进了集庆，出榜安民，把集庆改名应天府。从那时候起，朱元璋就以应天府作为根据地，向江南一带发展。

阅读鉴赏

朱元璋出身贫苦，从小历经磨难。尤其是因为灾难，为生存被逼去当和尚的经历，更是突出了其命运的悲苦。在投奔郭子兴后，他的命运发生了重大的转折。他英勇善战，有智有谋，很快就提高了声望。他志向远大，不甘心在几个心胸狭窄的将帅下面碌碌无为，于是自己招兵买马，开拓天地，显示了其王者气魄。

拓展阅读

马 皇 后

马皇后，名秀英，是明朝开国皇帝朱元璋的结发妻子。她是仁慈、善良、俭朴、爱民的一代贤后。

第三十一章

郑和下西洋

导　读

　　明成祖时期，我国的航海事业已经发展起来。为了宣扬国威，郑和七下西洋，为加强中国与亚非许多国家的经济文化交流和友好往来做出了巨大的贡献。郑和几次出使国外的过程顺利吗？他都遭遇了哪些事情呢？

　　明成祖用武力从他侄儿建文帝手里夺得了皇位，但有一件事总使他心里不大踏实。皇宫大火扑灭之后，并没有找到建文帝的尸体。那么建文帝到底是不是真的死了（设置悬念，引起下文）？京城里众说纷纭，有的说建文帝并没有自杀，趁宫里起火混乱的时候，带着几个侍从太监从地道里逃出城外去了；还有的说法更离奇，说建文帝到了什么什么地方，后来还做了和尚，说得好像确有其事似的，使明成祖不得不怀疑。他想，如果建文帝真的没死，万一他在别的地方重新召集人马，用朝廷的名义讨伐自己，岂不可怕。为了把这件事查个水落石出，他派了心腹大臣，到各地去秘密查问建文帝的下落，但是又不好公开宣布，就借口说是求神仙。这一找，就找了二三十年。

　　明成祖又想，建文帝会不会跑到海外去呢？那时候，我国的航海事业已经开始发展起来。明成祖心想，派人到海外去宣扬国威，跟外国人

125

做点生意，采购一些珠宝，顺便探听一下建文帝的下落，岂不是一举两得。

于是，他就决定派一支队伍，出使国外。让谁来带这支队伍呢？当然非得是自己的心腹不可。他想到跟随他多年的宦官郑和，倒是个非常合适的人选。

郑和，原来姓马，小名叫三保，出生在云南一个回族家庭里。郑和小时候就从父亲那里听说过外国的一些情况。后来，他进宫当了太监，因为他聪明能干，得到明成祖的信任。这郑和的名字还是明成祖给他起的，但是民间把他的小名叫惯了，所以一直把他叫作"三保太监"，后来，有的书上也写成"三宝太监"。

公元 1405 年 6 月，明成祖正式派郑和为使者，带一支船队出使"西洋"。那时候，人们叫的"西洋"，并不是指欧洲大陆，而是指我国南海以西的海和沿海各地。郑和带的船队，一共有二万七千八百多人，除了兵士和水手外，还有技术人员、翻译、医生等。他们乘坐六十二艘大船，这种船长四十四丈，宽十八丈，在当时是少见的。船队从苏州刘家河（今江苏太仓浏河）出发，经过福建沿海，浩浩荡荡，扬帆南下。

郑和第一次出海，先到了占城（在今越南南部），接着又到爪哇、旧港（在今印度尼西亚苏门答腊岛东南岸）、苏门答腊、满剌加、古里、锡兰等国家。他带着大批金银财物，每到一个国家，先把明成祖的信递交国王，并且把带去的礼物送给他们，希望同他们友好交往。许多国家见郑和带了那么大的船队，态度友好，并不是来威吓他们，都热情地接待他（表现了下西洋到达国家之多和此行的目的）。

郑和这一次出使，一直到第三年的 9 月才回国。西洋各国国王趁郑和回国，也都派了使者带着礼物跟着他一起回访。在出使的路上，虽然遇到几次惊涛骇浪，但是船上有的是经验丰富的老水手，船队从没出过事。只是在船队回国、经过旧港的时候，遇到了一件麻烦事。

旧港有个海盗头目，名叫陈祖义。他占据了一个海岛，纠集了一支海盗队伍，专门抢劫过往客商的财物。这回听到郑和率领的船队带着大

批宝物经过，分外眼红，就和同伙计议，表面上准备迎接，趁郑和不防备，就动手抢劫。

这个计谋被当地人施进卿得知，他偷偷地派人到船队告诉了郑和。

郑和心想，我手下有两万兵士，还怕你小小海盗？既然你要来偷袭，就非得给你点教训不可。他命令把大船散开，在旧海港口停泊下来。命令船上的兵士准备好火药、刀枪，严阵以待。

夜深的时候，海面上风平浪静，陈祖义带领一群海盗乘着几十艘小船直驶港口，准备偷袭。只听到郑和所坐的船上一声火炮响，周围的大船都驶拢来，把陈祖义的海盗船围住。明军人多势大，早有准备，把陈祖义杀得大败。大船上的兵士丢下火把，把海盗船烧着了。陈祖义想逃也逃不了，只好乖乖地当了俘虏。

郑和把陈祖义捆绑了起来，押回中国。到了京城，向明成祖献上了俘虏。各国的使者也拜见了明成祖，送上了大批珍贵的礼物。明成祖见郑和出色地完成了出使任务，高兴得眉开眼笑。

后来，明成祖相信建文帝确实是死了，没有必要再去寻找。但是出使海外的事，既能提高国家的威望，又能促进跟西洋各国的贸易往来，好处很多。所以从此以后，明成祖一次又一次派郑和带领船队下西洋。从公元1405年到1433年的将近三十年里，郑和共出海七次，前前后后一共到过印度洋沿海三十多个国家，最远到达非洲的木骨都束国（在今索马里的摩加迪沙一带）。

到郑和第六次出使回国的那年，明成祖得病去世了。他的儿子明仁宗朱高炽即位后，不到一年也死了。继承皇位的明宣宗朱瞻基，是一个八九岁的孩子，由祖母徐太后和三个老臣掌权。大臣们认为郑和出使七次，国家花费太大，因此到国外航行的事业就停了下来。

郑和的七次远航，表现了我国古代人民顽强的探索精神，也说明当时我国的航海技术已经有很高的水平。郑和的出使，促进了我国和亚非许多国家的经济文化交流和友好往来。直到现在，那些国家还流传着三

<u>保太监的事迹</u>（表彰了郑和下西洋的伟大意义，肯定了其杰出贡献）。

阅读鉴赏

　　本文详略得当，重点描写了郑和第一次下西洋的经历，略写了郑和下西洋的伟大意义，布局合理，中心突出。

拓展阅读

西　洋

　　西洋一词最早出现在五代，不同时代含义不尽相同。西洋的概念在现在一般是指西方国家，主要指欧美国家。

　　明朝时期的西洋是指今文莱以西的东南亚和印度洋沿岸地区。广义的西洋还包括欧洲等地。在郑和下西洋年代，西洋的概念已发展到囊括西域的地步。可见西洋一词已经发展到包含海外各国的意义了。

导　读

　　明朝末年，社会动乱，内有李自成起义，外有多尔衮虎视眈眈，内忧外患导致大明王朝摇摇欲坠。李自成率起义军攻占北京，崇祯皇帝穷途末路，自杀身亡。统治中国的明王朝，宣告灭亡。接下来，国家政权将有怎样的变更呢？

　　公元 1644 年，李自成在西安正式建立了政权，国号大顺。接着，李自成率领一百万起义将士，渡过黄河，分两路进攻北京。两路大军势如破竹，到了这年三月，就在北京城下会师。城外驻守的明军最精锐的三大营全部投降。

　　起义军猛攻北京城。第二天晚上，崇祯帝登上煤山（在皇宫的后面，今北京景山）上往四周一望，只见火光映天，知道形势危急，跑回宫里，拼命敲钟，想召集官员们来保护他。等了很久，连个人影都没有。这时候，他才知道末日到来，又回到煤山，在寿皇亭边一棵槐树下上吊自杀。统治中国的明王朝，从此宣告灭亡。

　　大顺起义军攻破北京，大将刘宗敏首先率领队伍进城，接着，大顺王李自成头戴笠帽，身穿青布衣，跨着骏马，缓缓地进了紫禁城。北京的百姓像过节一样，张灯结彩地欢迎起义军。

大顺政权一面出榜安民，叫大家安居乐业；一面严惩明王朝的皇亲国戚、贪官污吏。李自成派刘宗敏和李过，勒令那些权贵交出平时从百姓身上搜刮来的赃款，充当起义军的军饷，拒绝交付的处重刑。少数民愤大的皇亲国戚被起义军抓起来杀了头。

有个大官僚吴襄，被刘宗敏抄了家，并且逮捕起来追赃。有人告诉李自成说，吴襄的儿子吴三桂是明朝的山海关总兵，手下还有几十万大军。如果把吴三桂招降了，岂不是解除了大顺政权一个威胁。

李自成觉得这个主意很有道理，就叫吴襄给他儿子写信，劝说他向起义军投降。

吴三桂原来被明朝派到关外抗清，驻扎在宁远一带防守。起义军逼近北京的时候，崇祯帝接连下命令要吴三桂带兵进关，对付起义军。吴三桂赶到山海关时，北京已被起义军攻破。过了几天，吴三桂收到吴襄的劝降信，不禁犹豫起来。向起义军投降，当然是他不愿意的；要不投降呢，起义军勇猛善战，兵力强大，自己不是他们的对手。再说，北京还有他的家属、财产，他也舍不得丢掉。既然李自成来招降，不如到北京去看看情况再说。

吴三桂带兵到了滦州，离北京越来越近，不时会遇到一些从北京逃出来的人。吴三桂找来一问，开始，听说他父亲吴襄被抓，家产被抄，已经恨得咬牙切齿；接着，又听说他最宠爱的歌姬陈圆圆也被起义军抓走，更是怒气冲天，于是立刻下令退回山海关，并且要将士们一律换上白盔白甲，说是要给死去的崇祯帝报仇（表现了"冲冠一怒为红颜"的过程）。

李自成得知吴三桂拒绝投降，决定亲自带二十多万大军，进攻山海关。吴三桂本来就害怕起义军，听到这消息，吓得灵魂出窍。他也顾不了什么民族气节了，写了一封信，派人飞马出关，请求清朝帮助他镇压起义军。

清朝辅政的亲王多尔衮接到吴三桂的求救信，觉得机会来了，立刻回信同意。接着，他亲自带着十几万清兵，日夜不停地向山海关进兵。

清军到了山海关下，吴三桂已经迫不及待地带着五百个亲兵出关迎接多尔衮。他见了多尔衮，卑躬屈膝地哀求多尔衮帮他报仇。多尔衮自然顺水推舟地答应。吴三桂把多尔衮请进关里，大摆酒宴，杀白马乌牛，祭拜天地，订立了同盟。

李自成大军从南面开到山海关边。二十多万起义军，依山靠海，摆开浩浩荡荡的一字阵，一眼望不到边。老奸巨猾的多尔衮从城头望见起义军阵容强大，料想不容易对付，就让吴三桂打先锋，叫清军埋伏起来，自己和几名清将远远躲在后面的山头观战。

战斗开始了，李自成骑着马登上西山指挥作战。吴三桂带兵一出城，起义军的左右两翼合围包抄，把吴三桂和他的队伍团团围住。明兵东窜西突，冲不出重围；起义军个个血战，喊杀声震天动地。

正在双方激烈战斗的时候，不料海边一阵狂风，把地面上的尘沙刮起，霎时，天昏地暗，对面见不到人。多尔衮看准时机，命令埋伏在阵后的几万清兵一起出动，向起义军突然袭击。起义军毫无防备，

恶劣的环境为多尔衮赢得战争提供了条件。

也弄不清是哪儿来的敌人，心里一慌张，阵势也就乱了。直到风定下来，天色转晴，才看清楚对手是留着辫子的清兵。

李自成在西山上发现清兵已经进关，想稳住阵脚，指挥抵抗，已经来不及了，只好传令后撤。多尔衮和吴三桂的队伍里外夹击，起义军遭到惨重失败。

李自成带领将士边战边退。吴三桂仗着清兵的势，在后面紧紧追赶。起义军回到北京时，兵力已经大大削弱。

李自成回北京后，在皇宫大殿里举行了即位典礼，接受官员的朝见。第二天一清早就率领起义军，离开北京，向西安撤退。

李自成离开北京的第三天，多尔衮就带领清兵，耀武扬威地开进北京城。公元1644年10月，多尔衮把顺治帝从沈阳接到北京，把北京作为清朝国都。从此以后，清王朝就开始在中国建立了它的统治。

第二年，清朝分兵两路攻打西安。一路由阿济格和吴三桂、尚可喜

率领,一路由多铎(duó)和孔有德率领。李自成率领起义军在潼关抗击清军,经过激烈战斗,最终被迫放弃西安,向襄阳转移。过了几个月,起义军在湖北通山县九宫山,遭到当地地主武装袭击,李自成战败牺牲。

李自成退出北京后,张献忠在四川称帝,国号大西,继续抗击清军。到公元1647年,清军进四川,张献忠在川北西充的凤凰山的一场战斗中,中箭死去。至此,明朝末年的两支主要起义军都失败了。

阅读鉴赏

本文是按时间顺序记叙的,先写起义军攻占北京,再写崇祯皇帝自杀,然后写吴三桂向多尔衮求救,清朝在中国建立统治,最后写起义军彻底失败。脉络清晰,层次分明,易于读者接受。

拓展阅读

崇祯皇帝

明思宗朱由检(1611年~1644年),明朝亡国之君。明光宗第五子,明熹宗异母弟,母为淑女刘氏。其于1627年~1644年在位,年号崇祯。崇祯帝即位后大力铲除阉党,并六下罪己诏,是一位年轻有为的皇帝,但性格刚愎自用且多疑。在位期间农民起义频繁,关外清兵势力强大,加之其性格原因使其在施政和用人方面屡屡出错而加速了明朝的灭亡。

第
三
十
三
章

康熙帝平定三藩

导　读

康熙初年，辅政大臣鳌拜欺负康熙帝年幼，专横跋扈，独断专权。康熙帝隐忍不发，暗中积蓄力量，训练了百余名皇族少年，最终一举擒拿鳌拜，除去了心头之患。除掉鳌拜之后，康熙帝掌握皇权的路就被扫平了吗？他还会经历哪些磨难呢？

康熙帝即位的时候，年仅八岁。按照顺治帝的遗诏，由四个满族大臣帮助他处理国家大事，叫作辅政大臣。四个辅政大臣中，鳌拜的野心最大，仗着自己掌握兵权，欺负康熙帝年幼，独断专横。别的大臣和他意见不合，他就排挤打击（引出鳌拜，概括地说明其专横跋扈、独断专权，为后文康熙帝下决心除掉他做铺垫）。

清王朝进关后，用强迫手段圈了农民大片土地，分给八旗贵族。鳌拜掌权以后，仗势扩大占地，还用差地强换别旗的好地，遭到地方官的反对。鳌拜诬陷这些官员大逆不道，还把反对他的三名地方官处死了。

康熙帝满十四岁的时候，亲自执政。这时候，另一个辅政大臣苏克萨哈和鳌拜发生争执。鳌拜怀恨在心，勾结同党诬告苏克萨哈犯了大罪，奏请康熙帝把苏克萨哈处死。康熙帝不肯批准。鳌拜在朝堂上跟康熙帝争了起来，后来竟揎（xuān）起袖子，拔出拳头，大吵大嚷。康熙帝非

135

常生气，但是一想鳌拜势力不小，只好暂时忍耐，由他把苏克萨哈杀了（引用具体的事例，说明鳌拜的专横跋扈，照应前文）。

从此以后，康熙帝决心除掉鳌拜。他派人物色了一批十几岁的贵族子弟担任侍卫，这些少年个个长得健壮有力。康熙帝把他们留在身边，天天练摔跤。

鳌拜进宫去，常常看到这些少年吵吵嚷嚷地在御花园里摔跤，只当是孩子们闹着玩，一点也没在意。

有一天，鳌拜接到康熙帝命令，要他单独进宫商量国事。鳌拜像平常一样大模大样进宫去。刚跨进内宫的门槛，忽然一群少年拥了上来，围住了鳌拜，有的拧胳膊，有的拖大腿。鳌拜虽然是武将出身，力气也大，可是这些少年人多，又都是练过摔跤的，鳌拜敌不过他们，很快就被打翻在地。任凭他大声叫喊，也没有人搭救他。

鳌拜被抓进大牢，康熙帝马上要大臣调查鳌拜的罪行。大臣们认为，鳌拜专横跋扈，滥杀无辜，罪行累累，应该处死。康熙帝顾及鳌拜年事已高，从宽发落，把鳌拜打进监狱。

康熙帝用计除掉了鳌拜，朝廷上下都很高兴。一些原来比较骄横的大臣知道这个年轻皇帝的厉害，也不敢在他面前放肆了（显示了康熙帝过人的智慧和才能。在大臣面前树立了威信，便于他执政）。

康熙帝亲自执政后，大力整顿朝政，奖励生产，惩办贪官污吏，使新建立的清王朝渐渐强盛起来。当时，南明政权虽然已经灭亡，但是南方有三个藩王却叫康熙帝十分担心（鳌拜已除，三藩未平，暗示了富有雄才大略的康熙帝又将采取行动）。

这三个藩王本来是投降清朝的明军将领，一个是引清兵进关的吴三桂，一个叫尚可喜，一个叫耿仲明。因为他们帮助清朝消灭南明，镇压农民军，清王朝认为他们有功，于是封吴三桂为平西王，驻防云南、贵州；尚可喜为平南王，驻防广东；耿仲明为靖南王，驻防福建，合起来叫作"三藩"。

三藩之中，数吴三桂最强。吴三桂当上藩王之后，十分骄横，不但掌握地方兵权，还控制财政，自派官吏，不把清朝廷放在眼里。

康熙帝知道要统一政令，三藩是很大的障碍，一定得找机会削弱他们的势力。正好尚可喜年老，想回辽东老家，上了一道奏章，要求让他儿子尚之信继承王位，留在广东。康熙帝批准了尚可喜告老，但是没有让他儿子接替平南王爵位。这一来，触动了吴三桂、耿精忠（耿仲明的孙子），他们想试探一下康熙帝的态度，便假惺惺地主动提出撤除藩王爵位、回到北方的请求。

这些奏章送到朝廷，康熙帝召集朝臣商议。许多大臣认为吴三桂他们要求撤藩是假的，如果批准他们的请求，吴三桂一定会造反。

康熙帝果断地说："吴三桂早有野心。撤藩，他要反；不撤，他迟早也要反。不如来个先发制人。"接着，就下诏答复吴三桂，同意他撤藩。诏令一下，吴三桂果然暴跳如雷，决心造反。

公元1673年，吴三桂在云南起兵。为了笼络民心，他脱下清朝王爵的穿戴，换上明朝将军的盔甲，在永历帝的墓前假惺惺地痛哭一番，说是要替明王朝报仇雪恨。但是，人们都记得很清楚，把清兵请进中原的是吴三桂；杀死永历帝的，还是吴三桂。所以现在他所打的恢复明朝的旗号，并不能服众。

吴三桂在西南一带势力大，一开始，叛军打得很顺利，一直打到湖南。他又派人和广东的尚之信和福建的耿精忠联系，约他们一起叛变。这两个藩王有吴三桂撑腰，也叛变了。历史上把这件事称作"三藩之乱"。

三藩一乱，整个南方都被叛军占领。康熙帝并没有被他们吓倒，而是一面调兵遣将，集中兵力讨伐吴三桂；一面停止撤销尚之信、耿精忠的藩王称号，把他们稳住。尚之信、耿精忠一看形势对吴三桂不利，又投降了（体现了康熙帝卓越的军事指挥才能和一代天子所具备的优秀素质）。

吴三桂开始打了一些胜仗，后来清兵越来越多，越打越强，吴三桂的力量渐渐削弱，处境十分孤立。经过八年战争，他知道自己难以为继，连悔带恨，生了一场大病后去世了。公元 1681 年，清军分三路攻进云南昆明，吴三桂的孙子吴世璠自杀。清军最终平定了叛乱势力，统一了南方。

阅读鉴赏

康熙帝是一位非常有作为的皇帝，本文通过他除鳌拜、平定三藩两个事例体现了他非凡的智慧及才能，不愧为一代英主！

康熙帝充分发挥自己的智慧和才能，临危不惧，与三藩斗智、周旋，经过八年的斗争，最终平定了三藩，统一了南方，巩固了清朝的政权。

拓展阅读

康熙劝臣戒烟

一次，康熙南巡江南，当众赏赐史贻直、陈远龙两人各一根工艺精美的水晶杆烟杆。谁知，史陈二人吸烟时只要一用力，众人就会隔着透明的烟杆看到火星往上蹿，众人拊掌大笑，前俯后仰。这时，二人才知道康熙是用他俩当反面教材来以此为鉴，让大家懂得吸烟的危害。这次无声的惩罚使他俩痛改恶习，从而和烟一刀两断了。

第
三
十
四
章

垂帘听政

导　读

　　咸丰帝去世后，慈禧的儿子载淳即帝位。慈禧的政治野心膨胀，拉拢慈安皇太后，联合恭亲王奕䜣，发动了辛酉政变。八位辅政大臣被打击殆尽，慈禧的政敌被肃清，从此开始了她的垂帘听政之路。那么，慈禧掌管朝政时，都做了些什么呢？

　　咸丰帝去世后，慈禧太后六岁的独子载淳嗣位为同治帝，临终前咸丰任命载垣等八大臣辅政。鉴于康熙初年曾出现辅政大臣鳌拜专权的先例，咸丰帝对辅政大臣施行牵制之策，即把他的"同道堂""御赏"两枚印玺，分别赐予载淳及慈安皇太后钮祜禄氏，以二玺代替朱笔。辅政大臣所拟上谕，必须加盖这两方印章才能奏效。

　　当时载淳年幼，"同道堂"印就落在生母慈禧皇太后手中，这为素有政治权欲的慈禧临朝预政提供了契机（为她干预朝政提供了契机，从而引起了下文的辛酉政变、垂帘听政等事件）。她拉拢慈安皇太后，联合恭亲王奕䜣，于咸丰帝死后不久发动了辛酉政变，将辅政大臣斩首抄家，解职戍边，彻底肃清了她的政敌集团。

　　载淳举行了象征性的登基典礼后，两宫皇太后就立即以皇帝的名义发出上谕，令大臣汇编以往各代皇太后临朝预政事迹，并美其名为《治平宝鉴》，作为垂帘听政的历史依据。咸丰十一年十一月初一，她们携载淳到养心殿东暖阁，正式垂帘听政，设两太后宝座在皇帝宝座之后，中间以八扇黄屏风隔开。为使此举更具合法性，恭亲王等人还制定了《垂帘章程》。至1873年，载淳成年后，两宫皇太后被迫撤帘归政。

但同治帝亲政不到两年，就因病而死。因无子嗣继位，慈禧再次玩弄政治手段，精心设计择立同治帝年幼的叔伯兄弟载湉继位，使两宫皇太后二次垂帘终又得逞（显示了其不甘交还政权、政治野心膨胀的心理状态以及奸诈、狡猾、善于玩弄政治手腕的一面）。

1881年，慈安皇太后病死，只剩慈禧一人垂帘听政。光绪帝成年亲政后，支持戊戌变法，尝试以康有为等人为首的资产阶级改良派发起的一次改良运动，目标为改变清朝祖制成法，因而遭到慈禧等顽固派的忌恨。

1898年9月21日，慈禧太后等人发动戊戌政变，企图乘光绪皇帝到天津阅兵时举行政变，以废黜光绪帝。光绪帝得知后，曾拉拢新建陆军首领袁世凯救护自己，结果却被袁世凯出卖。光绪帝被幽禁于中南海瀛台，慈禧太后随即杀害策划维新变法的"戊戌六君子"谭嗣同、林旭、杨锐、杨深秀、刘光第、康广仁，并通缉康有为和梁启超，罢免维新官员，戊戌变法彻底失败。

解除了光绪帝的皇权后，慈禧再次临朝十年，直至去世。慈禧通过垂帘听政，操纵同治、光绪两朝皇帝，把持清朝朝政达四十八年之久。

阅读鉴赏

掌管玉玺之事，给了慈禧一个干预朝政的契机，从此她的政治野心不断膨胀，最终一发不可收拾。她和慈安皇太后共同垂帘听政，直至载淳成年后，两宫皇太后才被迫撤帘归政。同治帝死后，善于玩弄政治手段的慈禧，精心选立年幼的载湉（即后来的光绪帝）即位，从而能够再次垂帘听政。后来，一直操纵皇帝的慈禧甚至解除了光绪帝的皇权，再次临朝十年。

拓展阅读

戊戌变法

戊戌变法又叫"百日维新"或"维新变法"，是 1898 年发生在清末的一次近代化改良运动。代表人物有康有为、梁启超。主要内容是：学习西方，提倡科学文化，改革政治、教育制度，发展农、工、商业等。这次运动遭到以慈禧太后为首的守旧派的强烈反对，因为这次变法历时仅一百零三天，因此戊戌变法也叫"百日维新"。

第三十五章 武昌起义

导 读

　　清朝末年，清政府的铁路"国有"政策遭到了人民的强烈反对，各地纷纷掀起了"保路运动"，这成了武昌起义的导火索。那么，武昌起义进展顺利吗？它取得了哪些成就并产生了什么影响呢？

　　1911年（宣统三年）5月，清政府以铁路国有之名，将已归民间所有的川汉、粤汉铁路筑路权收归"国有"，然后又出卖给英、法、德、美4四国银行团，这激起湘、鄂、粤、川等省人民的强烈反对，遂掀起了保路运动。保路运动在四川省尤其激烈，各地纷纷组织保路同志会，推举立宪党人蒲殿俊、罗纶为正副会长，以"破约保路"为宗旨，参加者数以十万计。清政府下令镇压。

　　9月7日，四川总督赵尔丰逮捕罗纶、蒲殿俊等保路同志会代表，枪杀数百请愿群众。第二天又下令解散各处保路同志会，激起四川人民更大的愤怒，遂将各处电线捣毁，沿途设卡，断绝官府来往文书。9月25日，"延安五老"之一的吴玉章、同盟会成员王天杰、龙鸣剑等人领导荣县独立，荣县成为全中国第一个脱离清王朝的政权。容县独立把保路运动推向高潮，成为武昌起义的先声。

142

清廷为扑灭四川的人民起义，派大臣端方率领部分湖北新军入川镇压，致使清军在湖北防御力量减弱，革命党人决定在武昌发动起义。1911年9月14日，文学社和共进会在同盟会的推动下，建立了统一的起义领导机关，联合反清。9月24日，两个革命团体召开联席会议，决定10月6日发动起义。革命党人的活动被湖北当局察觉，处处提防，再加上同盟会的重要领导人黄兴、宋教仁等未能赶到武汉，起义延期。

10月9日，孙武等人在汉口俄租界配制炸弹时不慎引起爆炸。俄国巡捕闻声而至，搜去革命党人名册、起义文告等，起义泄露。湖广总督瑞澂下令关闭四城，四处搜捕革命党人。情急之下，革命党决定立即于10月9日晚发动起义。但武昌城内戒备森严，各标营（清代绿营兵的编制名称）革命党人无法取得联络，当晚的计划落空。

新军中的革命党人自行联络，约定以枪声为号于10月10日晚发动起义。10月10日晚，新军工程第八营的革命党人打响了武昌起义的第一枪，夺取位于中和门附近的楚望台军械所，吴兆麟被推举为临时总指挥。缴获步枪数万，炮数十门，子弹数十万发，为起义的胜利奠定了基础。

此时，驻守武昌城外的辎重队、炮兵营、工程队的革命党人亦以举火为号，发动了起义，并向楚望台齐集。武昌城内29标营的蔡济民和30标营的吴醒汉亦率领部分起义士兵冲出营门，赶往楚望台；之后，武昌城内外各标营的革命党人也纷纷率众起义，并赶向楚望台。起义人数达3000多人（展示了起义开始时各部队的状况）。

10月10日晚上10点30分，起义军分三路进攻总督署和旁边的第八镇司令部，并命已入城的将士在中和门及蛇山占领发射阵地，向督署进行轰炸。起初，起义军没有一个强有力的指挥，加上兵力不够，进攻受挫。晚12点后，起义军再次发起进攻，并突破敌人防线，在督署附近放火，以火光为标志，蛇山与中和门附近的炮兵向火光处发炮轰击。湖广总督瑞澂打破督署后墙，从长江坐船逃走，第八镇统制张彪仍旧在司令部顽抗。起义军经过反复的进攻，终于在天亮前占领了督署和镇司令部。张彪退出武昌，整个武昌处于起义军的掌控之中。

10月10日深夜，正在保定军咨府军官学校（后改名陆军大学）学习的同盟会成员何贯中与李济深等同学立即将军校学生组织起来，第一时间炸毁了保定附近的漕河铁桥，成功阻止了清军南下镇压革命运动，为革命党人赢得了宝贵的准备时间。

汉阳、汉口的革命党人闻风而动，分别于10月11日夜、10月12日光复汉阳和汉口。起义军掌控武汉三镇后，湖北军政府成立，黎元洪被推举为都督，改国号为中华民国，并号召各省民众起义响应。

武昌起义胜利后的短短两个月内，湖南、广东等十五个省纷纷宣布脱离清政府宣布独立。1912年1月1日，中华民国临时政府在南京成立，孙中山被推举为临时大总统。1912年2月12日，清帝溥仪退位，清朝灭亡。

阅读鉴赏

本文语言简练，条理清晰，结构紧凑，按顺序记述了武昌起义的发生、发展和结果，使读者一目了然。

拓展阅读

孙中山的幽默

辛亥革命胜利后，孙中山当了临时大总统。有一次，他身穿便服，到参议院出席一个重要会议。然而，大门前执勤的卫兵，见来人衣衫简单，便拦住他，并厉声叫道："今天有重要会议，只有大总统和议员们才能进去，快走！否则，大总统看见了会动怒，一定会惩罚你的！"

孙中山听罢，不禁笑了，反问道："你怎么知道大总统会生气？"一边说着，一边出示了自己的证件。

卫兵一看证件，便扑倒在地，连连请罪。

孙中山急忙扶卫兵起身，并幽默地说："你不要害怕，我不会打你的。"

读 后 感

读《中华上下五千年》有感

孙 丽

最近，我阅读了《中华上下五千年》一书。这本书描述了源远流长、光辉灿烂的中华民族的历史。书中从盘古开天辟地说到大禹治水，从刘邦、项羽写到玄武门之变，从安史之乱谈到朱元璋起兵，从慈禧垂帘听政写到武昌起义，道尽了历史沧桑和数不尽的悲凉与欢喜。代代精英呕心沥血，终于创造出了中华上下五千年的光辉历史，演绎出了无数可歌可泣的动人故事，形成了厚重的中华民族文化的积淀。这种积淀是无形的，但无处不在，无时不起作用。

书中汇集了人间的喜怒哀乐，淋漓尽致的描写，引人入胜。当读到夏朝亡国君主残酷压迫百姓，荒淫奢侈时，我不禁怒火中烧，为天下平民百姓鸣不平；当读到戊戌六君子为变法牺牲时，我为他们义无反顾的爱国精神所振奋，并感到由衷的敬佩；当读到昭君出塞时，昭君的胆识、美丽，还有她为维护汉匈之间的和平所做的贡献深深地打动了我；当读到"莫须有"冤狱时，我为岳飞"精忠报国"的爱国精神所感动，为秦桧无耻、卑鄙、残害忠良的行为感到万分痛恨，同时，也深深地感受到宋高宗的昏庸和当时社会的黑暗；当读到武昌起义时，我不由觉得心头一亮，这起义的号角之声给中华民族带来了无限曙光……

著名历史学家庞朴曾经说过："历史使人聪明，因为历史是前人的失败和成功的记录，是由成功到失败或由失败到成功的经验积累。"这本书让我们了解历史，感受历史，并用心来思考历史，领悟历史。悠悠岁月，在这五千年沧海桑田的变换之中，中华民族饱经风霜，却又繁衍生息，千年不衰。上下五千年，英雄万万千。中华民族一向以勤劳、勇敢、智慧著称于世。我们的祖先创造了灿烂的民族文化。我们民族的优秀代表——许多杰出的思想家、政治家、军事家、文学家、科学家、艺术家、民族英雄和起义领袖，都以他们的业绩和成就，为民族的历史画卷增添了光彩。这是中华民族的脊梁，也是中华民族精神的根基。我们今天的幸福生活，是英雄们用生命和鲜血换来的，他们为了民族利益呕心沥血，为了民族的尊严而奋勇献身，他们永远是我们心中的英雄。

但历史是不可倒流的，读《中华上下五千年》，不仅仅是学习历史，更重要的是要创造未来，发扬我们源远流长的爱国主义传统。现在的中国正在崛起，在高科技的冲击下发生了一系列深刻的变化。北京奥运会的圆满成功，金牌总数世界第一；"神舟七号"升天使得中国真正在太空中留下自己的脚印，这都是中国人民努力的结果，是我们民族的骄傲。

作为一名新时代的初中生，我们不但要扎扎实实地学好我国的历史文化，把五千年的灿烂文明代代相传，因为这是我们义不容辞的责任！同时，我们也要不断地接受新思想，学习新科技，充分发挥我们的聪明才智，从而书写我们伟大的祖国更加崭新、灿烂的新篇章！

读《中华上下五千年》有感

王 维

我读了《中华上下五千年》这本书，里面有许多小故事都深深地吸引了我：有的故事惊心动魄，有的故事感人肺腑，有的故事回味无穷，有的故事令人印象深刻。

你可以想象一万八千年前的山顶洞人能用兽牙、鱼骨、石珠等制成漂亮的装饰品吗？你能想象得到原始艺术其实也是丰富多彩、歌舞乐器在氏族部落中简直就是一应俱全吗？恐怕你连做梦都想不到我们的老祖先其实也有爱美的观念和习俗。不要把他们想成全是一帮外形似猿的、还没进化完善的"大老粗"。你瞧！摆在我们面前的是只红底白花的彩陶盆。盆中画着人头像，两旁绘有鱼纹图案。人像胖胖的圆脸，双眼眯成一条细缝，咧着嘴巴笑眯眯的样子，真是让人爱不释手。如此多姿多彩的原始艺术，叫人大开眼界，让我们对原始人佩服得五体投地。它折射出我们祖先的无穷智慧，凝聚着中国史前社会的精神文明。

大禹治水，这个故事我想大家对它再熟悉不过了吧！传说尧舜时，黄河泛滥，洪水冲毁了房屋，淹没了农田，冲倒了大树，卷走了人畜。老百姓们苦不堪言，活不下去了。于是，在舜主持的议事会上，人们一致推举禹领导治水。禹不敢稍有怠慢，努力工作，勘察山川地势。终于，禹不负众望，用了十三年的时间，终于把洪水制服，人民得以安居乐业。从这个故事中，我们可以深刻体会到禹的品德是如何的高尚，"三过家门而不入"成为黎民百姓争相传诵的佳话。一次禹经过家门口，妻子刚生了儿子不到十天，邻里乡亲都来看望，可他此时却没顾得上看一眼，他说现在治水刚刚开始，没有工夫回去看。这是一种对自己工作负责的态度啊！禹回去看一眼也费不了他多少时间，也耽误不了工作，那毕竟是他的亲骨肉啊！可禹为了能够全身心地投入工作，宁愿放弃这个机会，还要惜时如金地去治水，不辜负老百姓对他的期望。

　　《中华上下五千年》中类似的故事还有很多，有的让人感动、有的让人悲愤，有的让人振奋，有的让人欣慰……每个故事都是一段历史。我们在对历史的回顾中不断反思、不断进步。

考点精选

一、选择题

1. 跟黄帝同时代的另一个部落首领叫作（ ）
   A. 炎帝　　　　　B. 武帝　　　　　C. 文帝

2. 黄帝以后，先后出了三个很有名的部落首领，他们分别是尧、舜和（ ）。
   A. 丹朱　　　　　B. 象　　　　　　C. 禹

3. 炎黄二帝大战（ ）
   A. 蚩尤　　　　　B. 燧人氏　　　　C. 有熊氏

4. 三过家门而未进的是（ ）
   A. 尧　　　　　　B. 舜　　　　　　C. 禹

5. 九合诸侯的是（ ）
   A. 晋献公　　　　B. 楚庄王　　　　C. 齐桓公

6. 统一中国的是（ ）
   A. 齐桓公　　　　B. 晋文公　　　　C. 秦始皇

7. 燕国太子丹派（ ）刺杀秦王，结果失败了。
   A. 樊于期　　　　B. 荆轲　　　　　C. 王翦　　　　　D. 李斯

8. 中国第一位女皇帝是（ ）
   A. 慈禧　　　　　B. 武则天　　　　C. 王昭君

9. "楚汉之争"讲的是（ ）与（ ）的故事。
   A. 刘邦　韩信　　　　B. 刘备　曹操
   C. 项羽　曹操　　　　D. 刘邦　　项羽

10. 汉灵帝时期发生了（ ）起义。
    A. 黄巾　　　　　B. 水泊梁山　　　　C. 太平天国

148

二、判断题

1. "战国七雄"指的是韩、赵、魏、秦、齐、楚、燕七个大国。(   )

2. "春秋五霸"指的是齐桓公、晋文公、宋襄公、秦穆公、楚庄王。(   )

3. 晋楚之战后，周襄王当上了中原的霸主。(   )

4. 大禹死后，是伯益继承了大禹的位子。(   )

5. 中国历史上第一次大规模的农民起义是陈胜、吴广起义。(   )

三、论述题

读了《中华上下五千年》后，你对哪一个人物的印象最深刻？
谈谈你对这个人物的认识。

参考答案

一、选择题

1. A 2. C 3. A 4. C 5. C

6. C 7. B 8. B 9. D 10. A

二、判断题

1. √

2. √

3. ×

4. ×

5. √

三、论述题

没有标准答案,分析有理即可得分。

编者声明

　　本书由全国资深教育专家和百位优秀一线教师为广大学子精心制作，在编辑的过程中，我们参阅了一些报刊和著作。但由于联系上的困难，加之部分作者的通信地址不详，一时未能与某些作者取得联系。在此谨致歉意，并敬请作者见到本书后，及时与我们联系，我们将按国家相关规定支付稿酬。

"超级阅读"编辑部

联系电话：010-51650888

邮箱：supersiwei@126.com